순서도를 통한 프로그램의 논리력 향상

순서도 기반의 C프로그래밍

황혜정 지음

Global
www.gbbook.com

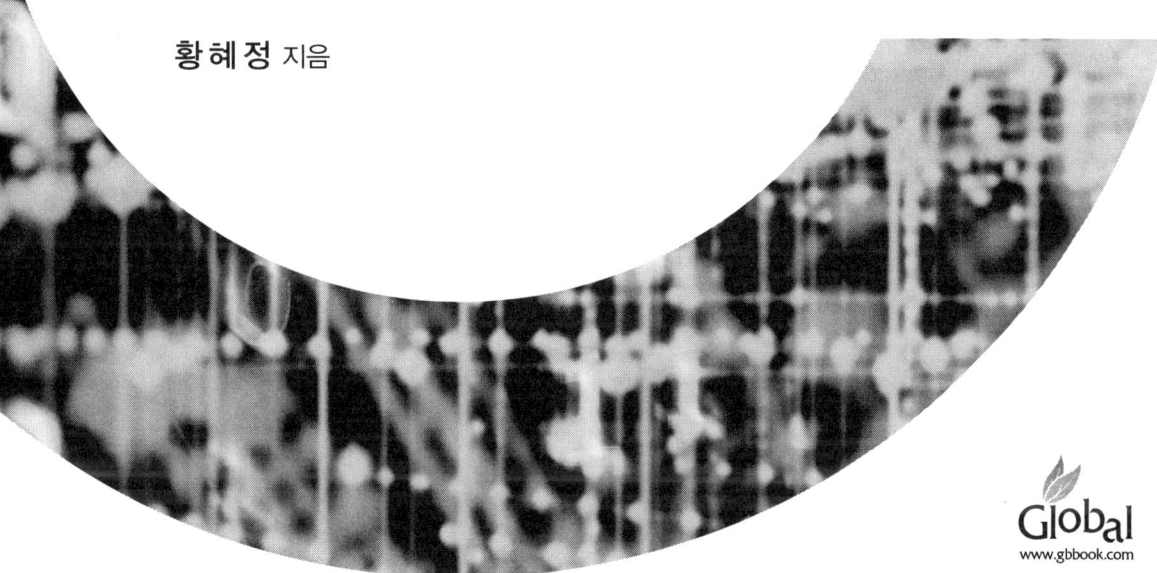

머리말

오랜 시간 프로그램 언어를 강의하면서 많은 학생들이 프로그램의 문법을 배우지만 논리력의 부족으로 프로그램 작성을 힘들어 하고 어려워하는 것을 보아왔다. 프로그램을 처음 배우는 학생들의 경우 프로그램 작성에 대한 논리적인 훈련이 되지 못한 상황에서 바로 프로그램언어를 배우기 때문에 프로그램에 대한 이해와 기본 지식을 쌓기가 어렵다.

따라서 처음 프로그램에 입문하는 학생들을 위해서는 프로그램 작성에 앞서 이전 단계로 순서도 학습이 아주 효과적이다. 순차구조, 선택구조, 반복구조를 이해하고 이를 활용한 순서도를 작성해 봄으로써 문제해결에만 집중하기 때문에 프로그램의 다양한 논리를 이해하는데 아주 효과적이다. 순서도는 전체 문제 해결 과정을 한눈에 파악하기 용이하고 문제를 해결하는 다양한 논리구조를 활용함으로써 논리력을 쌓는데 아주 도움이 된다. 또한, 초보자의 경우 프로그램 언어를 배제하고 작업 흐름에 대한 이해를 바탕으로 순서도를 그린다음 이를 프로그램 언어로 바꾸어 봄으로써 프로그램을 이해하는데 훨씬 효과적이다.

본 교재는 순서도로 표현한 문제해결과정을 C언어로 작성하여 실행해 볼 수 있도록 구성하였다. 문제해결에 집중할 수 있도록 프로그램의 논리 훈련에 최대한 초점을 맞추었고 프로그램을 실행하는데 필요한 C언어의 지식을 간략하게 다루었다. 각 장의 앞부분에는 논리 구조를 이해하는데 필요한 기본 지식을 설명하였고 각 장마다 뒷부분에는 다양한 예제를 통해 쉽게 순서도를 이해하고 프로그램을 작성하고 실행해 볼 수 있게 구성하였다.

이 책을 통해 프로그램에 입문하는 초보자들이 프로그램에 흥미를 느끼고 프로그램의 기초를 쌓으며 학습할 수 있기를 바라며 이 책이 나오기까지 도움 주신 많은 분들에게 감사의 마음을 전한다.

저자 황혜정

목 차

Chapter 01
프로그래밍 시작하기

1.1 프로그램 작성 단계 ·· 9
1.2 순서도(flowchart)란? ·· 10
1.3 순서도가 표현하는 프로그램의 논리구조 ······································ 13
1.4 프로그래밍 언어 ··· 15
1.5 C언어 ·· 17
1.6 비주얼 스튜디오 커뮤니티 2017 (Visual Studio Community 2017) 설치하기 ········· 18
1.7 비주얼 스튜디오 커뮤니티 2017 (Visual Studio Community 2017) 실행하기 ········· 22

Chapter 02
순차구조

2.1 상수(Constant) ··· 34
2.2 변수(variable) ··· 35
2.3 대입문 ··· 38
2.4 출력문 ··· 39
2.5 입력문 ··· 45
2.6 산술 연산자 ·· 48
2.7 C프로그램 작성하기 ··· 48
2.8 형변환 ··· 53
2.9 순차구조의 예제 ··· 57

목 차

Chapter 03
선택구조

3.1 관계 연산자 ··· 73
3.2 논리 연산자 ··· 74
3.3 if 구조 ··· 75
3.4 if ~ else 구조 ··· 77
3.5 if ~ else if 구조 ·· 78
3.6 switch 구조 ·· 80
3.7 선택구조의 예제 ·· 83

Chapter 04
반복구조

4.1 for 구조 ··· 115
4.2 while 구조 ·· 117
4.3 do while 구조 ··· 119
4.4 중첩 반복구조 ··· 121
4.5 break와 continue ··· 122
4.6 반복구조의 예제 ·· 125

목 차

Chapter 05
함수

5.1 함수(Function)란? ·· 151
5.2 함수 정의 ··· 153
5.3 매개변수(parameter) ·· 155
5.4 반환값(return value) ·· 156
5.5 반환타입(return type) ··· 159
5.6 재귀 호출 함수(Recursive call function) ······································ 160
5.7 함수의 예제 ··· 163

Chapter 06
배열

6.1 배열(Array) 이란? ·· 201
6.2 1차원 배열 ·· 202
6.3 2차원 배열 ·· 207
6.4 배열의 예제 ··· 211

Chapter 01

프로그래밍 시작하기

1.1 프로그램 작성 단계
1.2 순서도(flowchart)란?
1.3 순서도가 표현하는 프로그램의 논리구조
1.4 프로그래밍 언어
1.5 C언어
1.6 비주얼 스튜디오 커뮤니티 2017 (Visual Studio Community 2017) 설치하기
1.7 비주얼 스튜디오 커뮤니티 2017 (Visual Studio Community 2017) 실행하기

Chapter 01
프로그래밍 시작하기

1.1 프로그램 작성 단계

프로그래밍이란 컴퓨터에게 명령어들을 입력하고 제대로 실행되는지 확인하며 수정하는 모든 일련의 과정을 말하는데 처음부터 프로그램 언어를 사용하여 프로그래밍을 하기는 쉽지 않다.

먼저 문제를 충분히 분석한 다음 문제 해결의 단계적인 절차를 알고리즘(algorithm)으로 작성하고 논리적인 오류가 있는지 꼼꼼히 체크하고 오류가 있다면 수정을 한 후에 프로그래밍 작업을 한다. 알고리즘은 일을 처리하는 과정에 초점을 맞추어 논리적인 작업 흐름의 절차를 알기 쉽게 표현한 명령어들의 집합으로 프로그램 언어와 무관하게 기술한 것이다. 특정 프로그램언어와 무관하게 작성하기 때문에 최종적으로 어떤 프로그램 언어로 작성하던지 알고리즘은 프로그래밍의 기반이 될 수 있다. 알고리즘을 작성한 다음에는 이를 기반으로 프로그램 언어로 변환하여 작성하고 실행을 한다. 다음은 일반적인 프로그램 작성 과정을 설명한 그림이다.

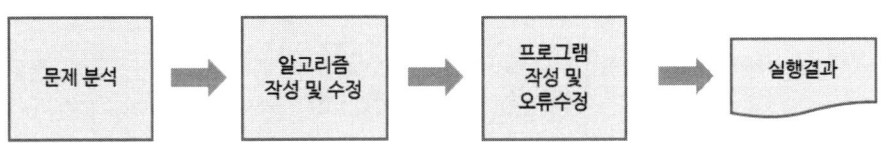

알고리즘을 표현하는 방법으로 다음 장에서 설명하는 순서도를 많이 사용한다. 순서도는 프로그래밍 작업에 앞서 전체 작업 절차를 그리며 수정하기 수월하기 때문에 유용하다.

1.2 순서도(flowchart)란?

순서도란 문제를 해결하기 위하여 작업의 진행 순서를 기호와 도형을 이용해서 그림으로 표현한 것이다. 작업의 논리적인 흐름을 쉽게 파악할 수 있고 오류를 쉽게 찾아내고 수정할 수 있을 뿐만 아니라 프로그램으로 쉽게 옮겨 작성할 수 있기 때문에 프로그램 작성에 앞서 선행단계로 유용하다. 예를 들어, 다음은 비가 온다면 집으로 곧장 가고 비가 오지 않는다면 마트에 들러 장을 보는 작업의 순서도이다.

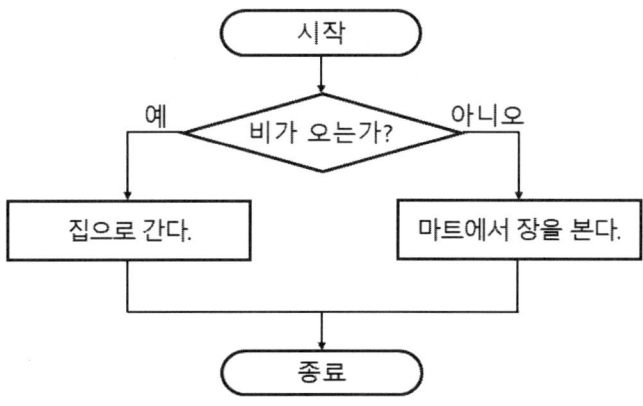

순서도에서 사용하는 기호는 다음과 같다.

기호	의미	사용 예
	단말 : 순서도의 시작과 종료를 의미	시작 종료
↓	흐름선 : 작업의 흐름 표시하는 선으로 화살표 방향으로 작업진행	시작 ↓

기호	설명	예시
⬡	준비 : 변수를 선언하거나 초기값 설정	⟨ int a, sum=0 ⟩
▭	처리 : 연산을 하거나 값을 할당	sum = sum+a
▱	입력 : 값을 입력	A 입력
⌇	입출력 : 값을 입력하거나 출력	sum
◇	판별 : 조건 판별에 따라 참(예), 거짓(아니오)에 적합한 흐름선으로 진행	예 a>b 아니오 → a / b a와 b값 중 큰 값을 출력
반복 i=a,b,c	반복 : 동일 작업을 반복 수행 • i : 반복횟수 조정변수 • a : i 변수가 초기값 a부터 시작 • b : i 변수가 최종값 b에 도달할 때까지 반복 • c : 반복할 때마다 c값만큼 증가	반복 i=1,10,1 "*" i변수 초기 값 1부터 10까지 1씩 증가하며 *을 출력("*"을 10번 출력)
▭▭▭	함수 호출: 정의된 함수를 호출	star() 함수 star()를 호출

	연결 : 원안에 명칭을 작성하고 이 명칭을 통하여 연결	 연결기호 A를 간접적으로 연결하면 작업이 이어짐을 의미

순서도 작성에 있어 유의할 점은 다음과 같다.

❶ 순서도는 시작 기호에서부터 시작하여 종료 기호에서 종료한다. 시작 기호와 종료 기호는 하나씩 존재한다. 경우에 따라 시작 기호 안에 순서도의 제목을 넣기도 한다.

❷ 기호와 기호사이는 흐름선(↓)으로 연결을 하고 흐름선의 모양은 작업 진행 방향에 따라 화살표 모양으로 연결한다.

❸ 흐름선은 원칙적으로 위에서 아래 방향으로, 왼쪽에서 오른쪽 방향으로 향한다. 반복 구조일 경우 예외가 될 수 있다.

❹ 작업이 복잡할 경우 순서도를 나누어 작성하고 연결 기호를 사용하여 연결 표시를 한다.

❺ 흐름선이 교차되지 않도록 주의하여야 한다.

1.3 순서도가 표현하는 프로그램의 논리구조

순서도가 표현하는 프로그램의 논리적인 구조는 순차구조, 선택구조, 반복구조로 분류될 수 있다.

❶ 순차구조

순차구조는 위에서 아래 방향으로 작업을 순서적으로 진행하는 구조이다. 문제 해결 절차가 순서적인 경우 순차 구조로 표현한다. 다음 순차구조는 실행문1, 실행문2, 실행문3의 순서로 작업을 실행한다.

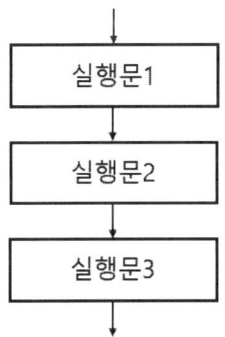

❷ 선택구조

선택구조는 조건문 판별에 따라 다음에 진행할 작업이 달라지는 구조이다. 다음 그림처럼 조건문의 조건이 참이라면 실행문1을 실행하고 거짓이라면 실행문2를 실행한다.

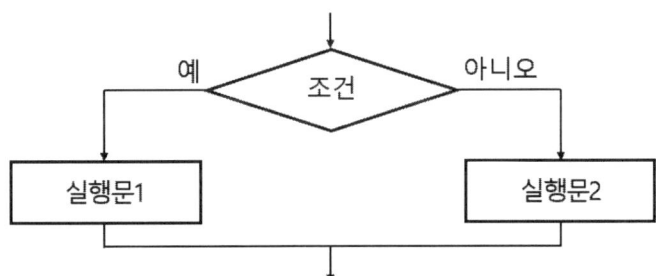

❸ 반복구조

반복구조는 조건에 맞는 동안 몇 개의 작업을 반복적으로 수행하는 구조이다. 조건에 맞지 않게 되면 반복 작업을 중단한다. 다음 반복구조는 조건문의 조건이 참인 동안 실행문1과 실행문2를 반복적으로 실행한다. 조건문의 조건이 거짓이 되면 실행문1, 실행문2의 반복 작업을 중단한다.

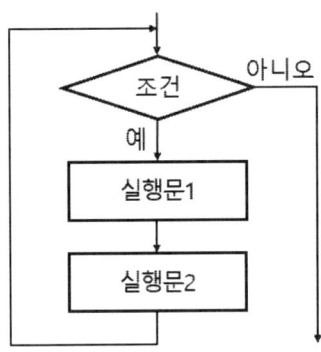

다음 반복구조는 반복 작업을 먼저 실행한 후 조건검사를 하는 구조이다. 이때 실행문1과 실행문2는 조건에 만족하지 않아도 최소 한번은 실행한다.

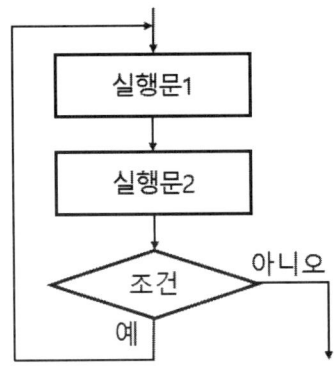

다음 반복구조는 반복하는 횟수가 정해진 구조이다. 다음 그림은 실행문을 10번 반복하도록 반복 횟수가 정해진 예이다.

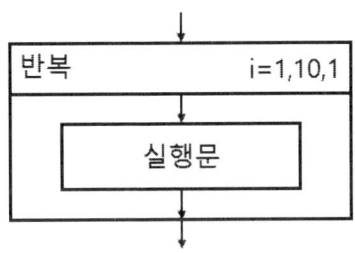

1.4 프로그래밍 언어

컴퓨터는 지시된 명령어에 따라 작업을 실행하는 그저 기계일 뿐이다. 컴퓨터는 빠르고 정확한 계산을 할 수는 있지만 무엇을 어떻게 어떤 순서로 해야 하는지 스스로 알지 못하기 때문에 사람이 지시할 명령어를 입력해서 수행하도록 해야 한다.

컴퓨터가 실제로 이해하는 언어는 0과 1로 구성된 기계어이다. 하지만 사람이 직접 기계어로 명령을 내리기는 어렵기 때문에 사람이 사용하는 언어와 비슷한 형태의 프로그래밍 언어를 사용하여 컴퓨터에게 좀 더 쉽게 명령을 주고 수행하게 한다. 프로그래밍 언어로 프로그램을 작성하고 프로그래밍 언어 번역기를 통해서 컴퓨터가 이해할 수 있는 기계어로 번역해서 실행하게 된다.

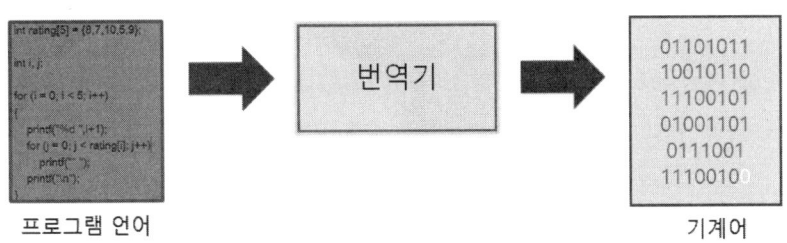

프로그래밍 언어에는 C, C++, JAVA, 파이썬, PHP, Delphi 등 다양한 프로그램 언어들이 있다. 이 프로그램 언어를 번역하고 실행하는 방법은 크게 두 가지로 구분할 수 있다.

❶ 컴파일러(Compiler)

컴파일러는 프로그래밍 언어로 작성된 프로그램 전체를 컴퓨터가 이해하는 기계어로 한꺼번에 번역해서 컴퓨터가 실행할 수 있는 목적 프로그램을 만들어 준다. 컴파일 하는 과정은 처음에는 시간이 걸리지만 일단 한 번 컴파일을 한 다음에는 번역되어 있는 목적 프로그램만 실행시키면 되기 때문에 프로그램을 실행할 때는 실행 속도가 빠르다. 프로그래밍 언어의 문법상 오류가 있을 때 구문 에러(Syntax error)가 발생하는데 컴파일러는 번역 단계인 컴파일 단계에서 구문 에러를 찾아낼 수 있다. 컴파일러에 의해 번역되는 방식의 프로그래밍 언어로는 C, C++ , C#, 자바 등이 있다.

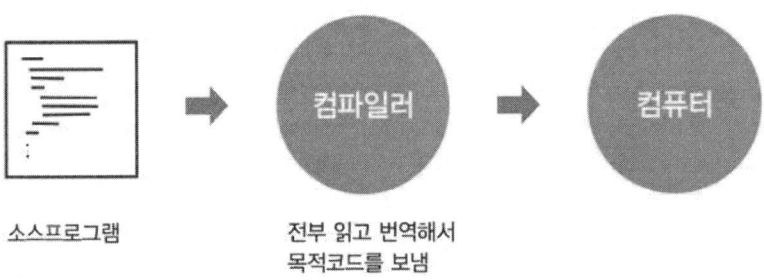

소스프로그램   전부 읽고 번역해서
              목적코드를 보냄

❷ 인터프리터(Interperter)

프로그램 전체를 한꺼번에 기계어로 번역하는 컴파일러와 달리 인터프리터는 한 줄씩 기계어로 번역해서 실행한다. 따로 목적 프로그램을 만들지 않고 한 줄씩 번역한 다음 바로 실행시켜서 결과를 나타내기 때문에 학생들 교육용으로 사용되는 경우도 많다. 한 줄씩 번역하고 실행하기 때문에 인터프리터는 실행 단계에서 구문 에러(Syntax error)를 찾게 된다. 인터프리터 방식의 프로그래밍 언어로는 HTML, 자바스크립트, 파이썬 등이 있다.

본 교재에서는 문제에 대한 해결과정을 순서도로 작성하고 이를 기반으로 컴파일러 번역 방식의 프로그래밍 언어인 C언어로 표현하고 실행해본다.

1.5 C언어

C언어는 1972년 미국 벨 연구소의 데니스 리치(Dennis Ritchie)에 의해 개발되었다. C언어는 UNIX 운영체제를 개발할 당시 사용한 언어로 UNIX 운영체제 대부분이 C언어로 작성되어 UNIX 확산에 큰 기여를 하였다. C언어는 이전 B언어를 기반으로 만들어졌기 때문에 B다음의 언어라는 의미로 C언어라는 명칭이 붙어진 것이다.
C언어는 구조적 프로그래밍에 충실한 언어로 기본 개념을 잘 익혀두면 다른 언어를 이해하기 위한 기본기를 다지는데 좋은 언어이다. C언어의 특징을 살펴보면 다음과 같다.

❶ 문법이 간결하다.
  - C언어는 필요한 기능을 간결하게 표현하여 프로그램 할 수 있도록 문법이 간결하지만 짧은 코드로 강력한 결과를 만들어 낼 수 있는 언어이다.
❷ 저수준 언어의 장점과 고급언어의 장점을 모두 갖춘 언어이다.
  - C언어는 어셈블리어나 기계어 수준의 하드웨어 제어가 가능한 언어일 뿐만 아니라 인간이 이해하기 쉬운 고급 프로그래밍 작성도 가능한 언어이다.
❸ 이식성이 좋은 언어이다.

- C언어로 작성된 프로그램은 윈도우, 유닉스 등 운영체제가 다른 환경에도 쉽게 이식하여 사용할 수 있다.

❹ 범용성을 갖춘 언어이다.
- 하드웨어 제어 및 운영체제 프로그래밍뿐만 아니라 응용프로그램 개발까지 다양하게 사용가능하다.

❺ 모듈프로그래밍이 가능한 언어이다.

C언어는 한 개 이상의 함수로 구성되어 있다. 함수는 별도의 모듈로 컴파일 할 수 있고 재사용이 가능하다. 따라서 복잡한 프로그램을 다수의 모듈로 분할하여 개발할 수 있다.

1.6 비주얼 스튜디오 커뮤니티 2017 (Visual Studio Community 2017) 설치하기

C언어를 개발할 수 있는 비주얼스튜디오는 마이크로소프트사에서 개발한 통합 개발 환경이다. 학생 및 개인 개발자가 무료로 사용할 수 있는 비주얼스튜디오 커뮤니티 2017(Visual Studio Community 2017) 버전을 중심으로 설치과정을 설명한다. 무료 버전이므로 마이크로소프트사 계정에 로그인하여 다운로드 받도록 한다.

1) 웹사이트 https://www.visualstudio.com/ko/downloads/를 접속한다. 마이크로소프트사의 계정이 없다면 계정을 만들고 작업을 시작하자. 웹사이트는 가장 최신버전을 보여주기 때문에 비주얼 스튜디오 2017 버전보다 최신 버전으로 페이지가 달라져 있다면 이전다운로드를 찾아 2017 버전을 선택하여 Visual Studio Community 2017을 다운로드한다. Visual Studio Community 2017 의 무료다운로드를 선택하면 다음과 같이 다운로드 화면이 나타나는데 실행을 선택한다.

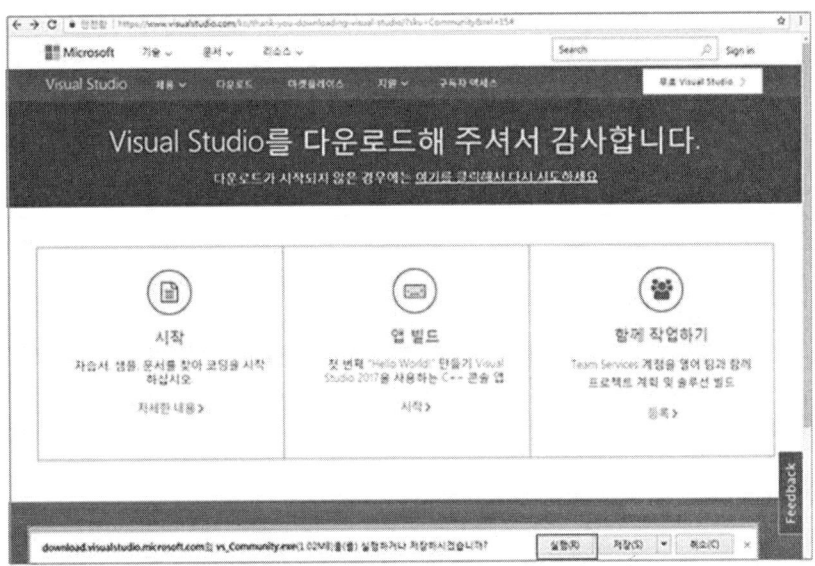

2) 아래와 같이 파일이 추출되는 화면이 잠깐 나타났다 사라지면 그 다음 아래 화면이 나타나는데 계속을 클릭한다.

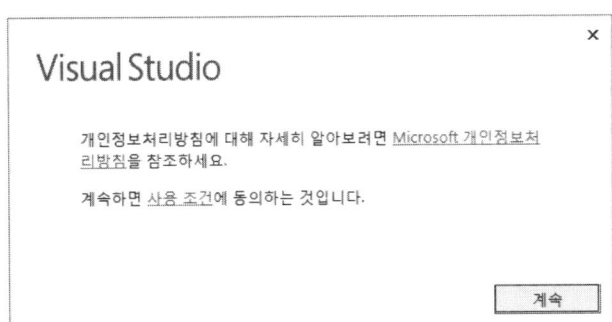

3) 다음과 같은 화면이 나타나면 다양한 개발환경을 선택할 수 있는데 C언어 실행 환경 설치를 위하여 'C++을 사용한 데스크톱개발'을 선택하고 설치를 클릭한다.

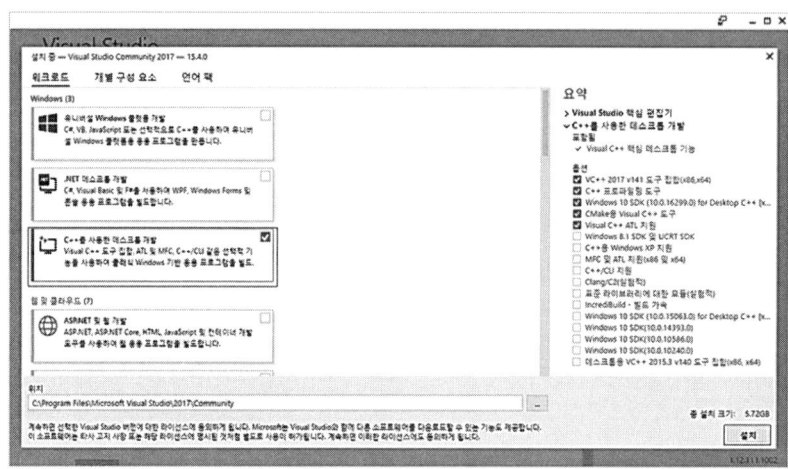

4) 다음과 같은 화면이 나타나면서 설치를 진행한다.

5) 성공적으로 설치되면 다음과 같은 화면이 나타난다. 이제 프로그램을 사용할 환경이 만들어졌다. Visual Studio Community 2017을 실행해 보자.

1.7 비주얼 스튜디오 커뮤니티 2017 (Visual Studio Community 2017) 실행하기

❶ 프로젝트 생성하기

프로젝트는 하나의 실행파일을 만들기 위해 필요한 여러 개의 소스 파일들과 라이브러리 등으로 구성된 집합체로 프로그램을 개발하기 위해서는 프로젝트부터 생성해야 한다. 프로젝트는 새로운 프로그램을 개발할 때마다 생성해야 한다. [파일]-[새로 만들기]-[프로젝트]를 선택하여 새로운 프로젝트를 생성한다.

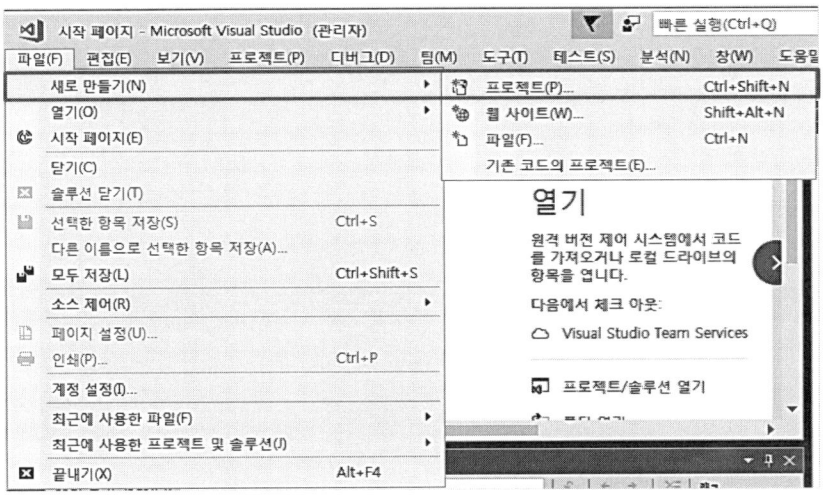

다음 화면이 나타나면 왼쪽메뉴에서 Visual C++을 선택하고 빈프로젝트를 선택한다. 프로젝트 이름은 원하는 이름으로 작명하면 된다. 'test'라고 작성해보자. 프로젝트를 저장할 위치는 찾아보기를 선택하여 위치를 설정하고 확인 버튼을 선택하여 새로운 프로젝트를 생성한다.

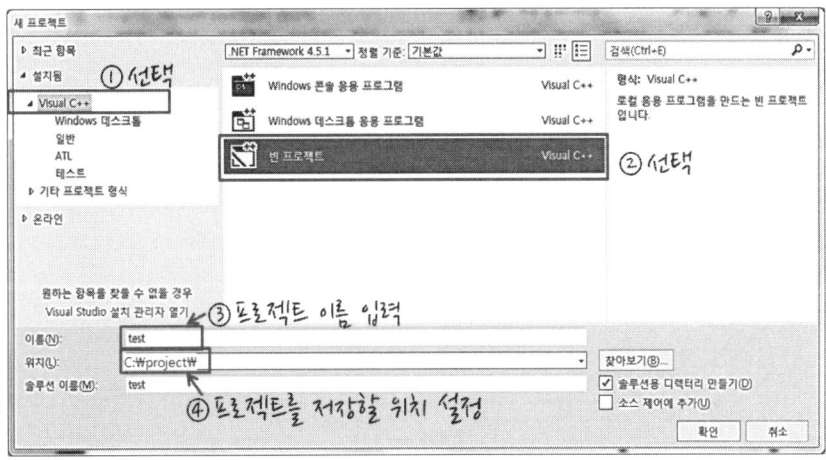

❷ 소스 파일 생성

실행된 프로그램을 보면 오른쪽에 솔루션 탐색기가 보인다. 솔루션 탐색기에서 소스파일 항목을 선택하고 마우스 오른쪽 버튼을 클릭하여 [추가] - [새항목]을 선택한다.

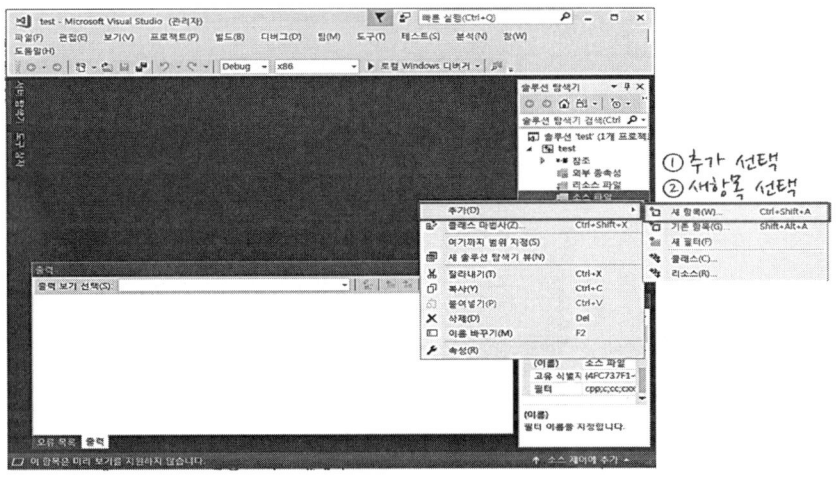

파일이름에서 기본적으로 확장자는 .cpp로 보여진다. C언어 파일로 만들기 위하여 확장자를 .c 로 수정하여 생성하도록 한다. '소스.c'로 파일명을 작성하고 추가버튼을 클릭하자.

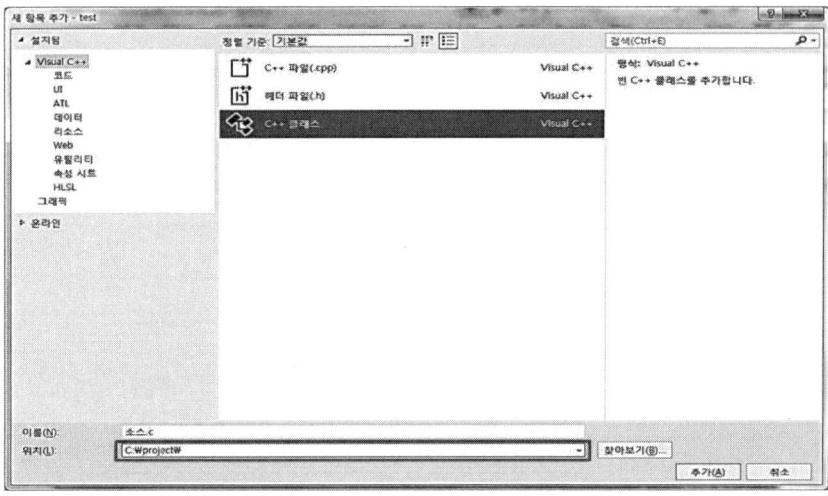

소스를 편집할 수 있는 다음과 같은 화면이 나타난다. 오른쪽은 프로젝트에 속하는 파일들을 보여주고 있고 가장 큰 영역의 창은 소스 코드를 입력하는 에디터이다. 에디터 아래는 컴파일과 링크과정의 메시지들이 출력되는 영역이다.

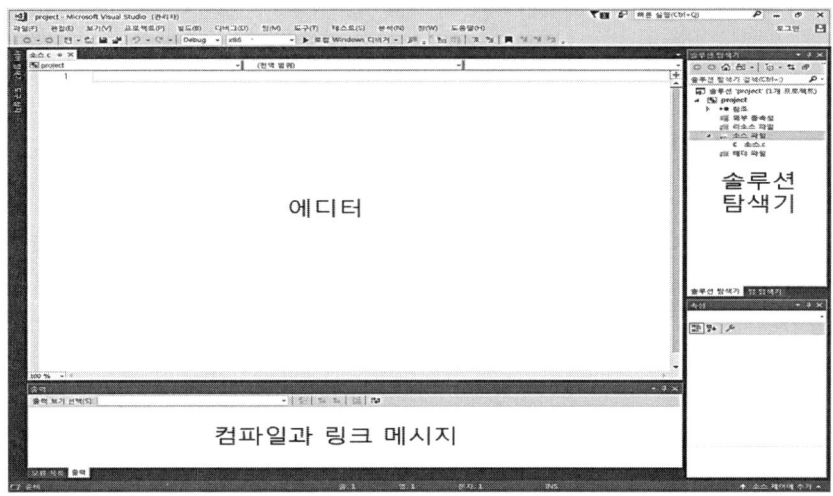

에디터 화면에 다음과 같은 소스를 입력해보자. 아직 코드가 어떤 의미인지 몰라도 상관없다.

```
#include <stdio.h>
int main()
{
    printf("C 프로그래밍")
    return 0;
}
```

❸ 컴파일(Compile)

작성된 소스 파일은 기계어로 번역하는 컴파일 과정을 거쳐야한다. 비주얼스튜디오는 컴파일과 링크과정을 합쳐서 빌드(build) 라고 하는데 빌드과정을 실행하기 위하여 메뉴 [빌드]에서 [솔루션빌드]를 선택해보자. 단축키 F7을 눌러도 된다. 오류가 발생한 경우 출력 창에 오류 메시지가 표시된다.

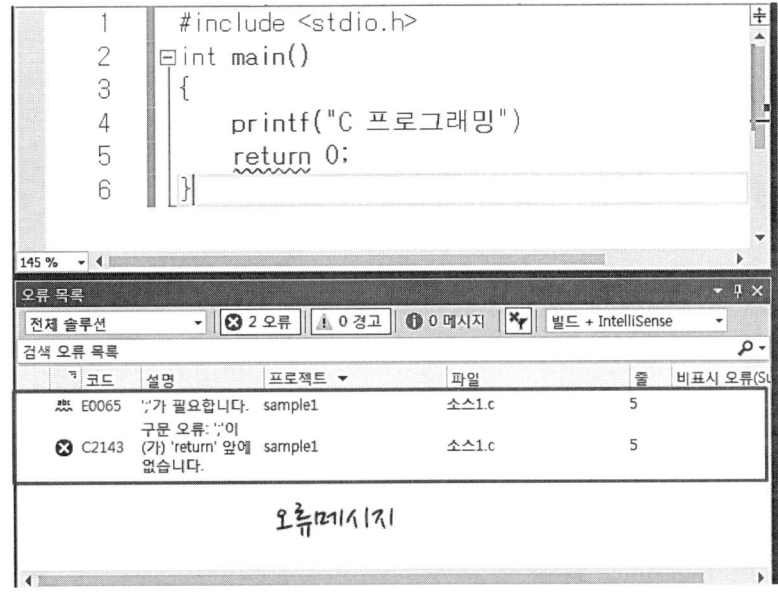

소스코드 5번째 줄에서 세미콜론(;)이 빠졌다는 오류메시지이다. 오류를 범하는 많은 사례들이 오타를 입력하거나 기호를 빠뜨리는 등 문법적인 오류가 많다. 세미콜론을 삽입하고 다시 빌드를 실행한다.

```
1  #include <stdio.h>
2  int main()
3  {
4      printf("C 프로그래밍"):
5      return 0;
6  }
```

❹ 프로그램 실행

빌드과정을 거친 프로그램을 실행해보자. 메뉴 [디버그]에서 [디버그하지않고 시작]을 선택하면 된다. 단축키는 CTRL키와 F5키를 동시에 누르면 된다. 출력창에 성공 메시지가 표시되고 실행창이 열려 실행 결과를 확인할 수 있다.

```
1  #include <stdio.h>
2  int main()
3  {
4      printf("C 프로그래밍");
5      return 0;
6  }
```

```
출력
출력 보기 선택(S): 빌드
1>------ 빌드 시작: 프로젝트: sample1, 구성: Debug Win32 ------
1>소스1.c
1>sample1.vcxproj -> D:\강의자료\C언어\sample1\Debug\sample1.exe
========== 빌드: 성공 1, 실패 0, 최신 0, 생략 0 ==========
```

다음과 같이 "C 프로그래밍"이라고 출력된 실행결과 창이 뜰 것이다. 프로그램이 성공적으로 실행된 결과이고 "계속하려면 아무 키나 누르십시오..." 메시지는 프로그램 실행을 종료시키고 출력 결과 창을 닫는 안내 메시지이다. 아무키나 누르면 출력결과 창이 닫힌다.

연습문제

1. 다음 순서도 작성에 대한 유의사항이다. O, X를 작성하시오.
   (1) 순서도는 시작 기호에서부터 시작하여 종료 기호에서 종료한다. (　)
   (2) 시작 기호 안에 순서도의 제목을 넣기도 한다. (　)
   (3) 각 기호와 기호사이는 흐름선(↓)으로 연결을 하고 흐름선의 모양은 작업 진행 방향으로 화살표 모양으로 연결한다. (　)
   (4) 흐름선은 원칙적으로 위에서 아래 방향으로, 오른쪽에서 왼쪽 방향으로 향한다. (　)
   (5) 순서도는 전체 작업이 한눈에 보이도록 하기 위해 나누어 작성하지 않도록 주의하여야 한다. (　)

2. 다음 순서도 기호와 설명에 알맞게 짝지어 보시오.

   (1) ▭ ·　　　　　　· 처리를 의미하는 기호

   (2) ⬠ ·　　　　　　· 순서도에서 처음 시작과 마지막 종료에 사용하는 기호

   (3) ▢ ·　　　　　　· 준비 기호

   (4) ▱ ·　　　　　　· 조건 판별 기호

   (5) ◇ ·　　　　　　· 입력에 사용하는 기호

3. 프로그램 언어를 번역하고 실행하는 방법은 크게 두 가지이다. 다음 설명에 맞는 번역 방법을 작성하시오.
   (1) 프로그래밍 언어로 작성된 프로그램 전체를 컴퓨터가 이해하는 기계어로 한꺼번에 번역하여 컴퓨터가 실행할 수 있는 목적 프로그램을 만들고 이 목적 프로그램을 실행시키도록 하는 언어 번역 프로그램   (   )
   (2) 목적 프로그램을 만들지 않고 한 줄씩 번역한 다음 바로 실행시켜서 결과를 나타나도록 하는 언어 번역 프로그램   (   )

4. C언어의 특징으로 잘못된 것은? (   )
   (1) 저수준 언어의 장점과 고급언어의 장점을 모두 갖춘 언어이다.
   (2) 성능은 좋으나 특정 환경에서만 사용가능하다.
   (3) 복잡한 프로그램을 다수의 모듈로 분할하여 개발할 수 있다.
   (4) 문법이 간결한 언어이다.

5. 다음은 C언어의 설명으로 괄호 안을 채우시오.

   C언어는 1972년 미국 벨 연구소의 ((1)   )에 의해 개발되었다.
   C언어는 ((2)   ) 운영체제를 개발할 당시 사용한 언어이다.

6. 비주얼 스튜디오에서 하나의 실행파일을 만들기 위해 필요한 여러 개의 소스 파일들과 라이브러리 등으로 구성된 집합체로 프로그램을 개발하기 위해서는 가장 먼저 생성해야 하는 것은 무엇인가?   (   )

Chapter 02

순차구조

2.1 상수(Constant)
2.2 변수(Variable)
2.3 대입문
2.4 출력문
2.5 입력문
2.6 산술 연산자
2.7 C프로그래밍 작성하기
2.8 형변환
2.9 순차구조의 예제

Chapter 02
순차구조

순차 구조는 위에서 아래방향으로 순차적으로 실행되는 구조이다. 순차 구조는 조건에 따라 실행 순서가 바뀌지 않고 순차적으로 위에서 아래 방향으로 실행된다.

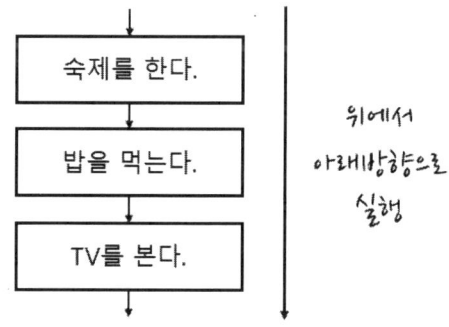

주의할 점은 순차적 실행 속에 논리적인 흐름을 담기 때문에 실행 순서는 중요하다. 다음은 전구 교체 하는 작업을 순차구조로 표현한 순서도이다. 만약 실행순서 중 어느 것이라도 순서가 바뀐다면 오류가 발생한다. 각 실행 구문들은 앞의 작업 결과가 다음 작업에 영향을 미치기 때문에 앞선 작업들이 마무리가 된 다음에 다음 작업이 수행되어야 한다.

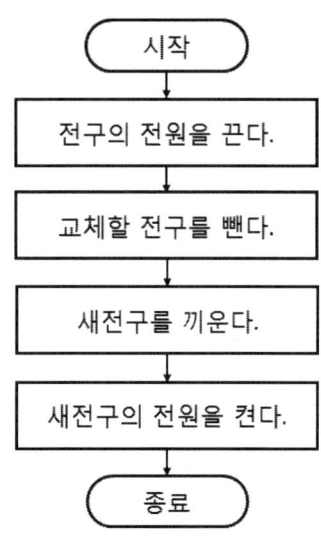

2.1 상수(Constant)

상수는 값이 변하지 않는 자료를 의미한다. 상수의 종류에는 정수, 실수, 문자 그리고 문자열이 있다. 문자 상수는 문자 앞뒤에 작은 따옴표(')를 사용하여 단일문자를 표기한다. 두 개 문자 이상인 문자열 상수는 문자열 앞뒤에 큰따옴표(")를 사용하여 여러 문자들을 표기한다.

상수 종류	예
정수	1, 5, -6, 13
실수	3.14, -5.5, 25.1
문자	'A', 'x', '*'
문자열	"A", "apple", "Hello World!"

프로그램에서 상수는 연산식에서 값으로 사용하거나 변수에 대입하는 값으로 사용한다.

2.2 변수(Variable)

변수는 값을 보관하는 저장 공간으로 이 할당된 공간에 원하는 값을 넣을 수 있다. 컴퓨터에서 변수를 사용하려면 값을 담아두는 기억장소를 마련해놓고 그 장소에 이름을 붙여 사용해야한다. 기억공간에 이름을 붙이는 것이 변수를 선언하는 것이다. 프로그램을 실행하기 위해서는 많은 변수가 필요하다. 변수를 그릇이라고 생각할 수 있는데 변수는 하나의 값만 저장할 수 있다. 변수는 실행 중에 다른 값으로 바꾸어 다시 저장할 수 있다.

❶ 변수를 만드는 규칙

변수명은 자유롭게 작명할 수 있지만 다음의 규칙을 지켜야 한다.

- 변수명은 알파벳이나 밑줄 문자(_)로 시작해야 하며 그 이후에는 알파벳이나 숫자, 밑줄 문자를 제한 없이 섞어서 사용 가능하다. (예. a1, guest_name, _number 등)
- 알파벳 대소문자를 구별하는 것에 주의하여야 한다. (A1 과 a1 은 다른 변수)
- 변수명은 중간에 공백을 사용할 수 없다.
- C언어의 명령문이나 내장함수명과 같은 예약어를 변수명으로 사용할 수 없다.

❷ 변수의 선언

변수는 사용하기 전에 미리 선언을 해야 하는데 이때, 어떤 값을 담을 것인지를 나타내는 자료형을 변수명에 앞서서 선언하여야 한다. 다음은 순서도에서 정수형 변수 a를 선언하는 예이다.

⟨ int a ⟩

int는 정수형의 자료형을 의미하며 a는 변수명이다.

int a;
 ↑   ↑
자료형 변수명

같은 자료형을 갖는 변수들을 모아서 한 번에 변수들을 선언할 수 있다.

$$\langle\ \text{int a, b}\ \rangle$$

❸ 변수의 초기화

변수를 선언하면서 동시에 변수에 최초로 값을 대입하는 것을 초기화라고 한다. 다음은 변수 a에 1의 값을 대입하는 예이다.

$$\langle\ \text{int a = 1}\ \rangle$$

변수에 값을 넣는 것은 = 연산자를 사용한다.

변수 a 에 값 1을 저장

int a = 1;

❹ 변수의 자료형

변수는 변수를 선언할 때 지정한 자료형과 일치하는 값만 저장할 수 있다. 자료형이란 데이터의 값이 정수인지 실수인지 문자인지를 미리 지정하는 것이다. 자료형은 크게 정수형, 실수형, 문자형으로 나눈다.

■ 정수형

소수점이 없는 숫자를 저장하기 위해서 정수형 변수를 사용한다. 정수는 음의 정수, 0, 양의 정수를 표현한다. C언어에서 정수를 저장하기 위한 자료형은 다음과 같다.

자료형	크기 (바이트)	값의 범위
short	2	$-2^{15} \sim 2^{15}-1$ (-32768~32767)
int	4	$-2^{31} \sim 2^{31}-1$ (-2147483648 ~ 2147483647)
long	4	$-2^{31} \sim 2^{31}-1$ (-2147483648 ~ 2147483647)
long long	8	$-2^{63} \sim 2^{63}-1$ (-9223372036854775808~ 9223372036854775807)

■ unsigned 정수형

C언어에서 unsigned 정수형은 양수만 저장하기 위한 정수형 타입이다. unsigned 형은 음수를 저장할 필요가 없기 때문에 음수를 표현하는데 사용하는 영역을 대신 양수만 저장하기 때문에 더 넓은 범위의 값을 저장할 수 있다. 0과 양수만 저장하기 위한 변수로 unsigned를 붙여 선언하면 두 배 더 큰 양수까지 저장할 수 있다. 예를 들어 short형의 변수는 -32768에서 +32767까지 저장할 수 있지만 unsigned short형의 변수는 0에서 +65535까지의 수를 저장할 수 있다.

자료형	크기 (바이트)	값의 범위
unsigned short	2	0 ~ $2^{16}-1$ (0~65535)
unsigned int	4	0 ~ $2^{32}-1$ (0 ~ 4294967295)
unsigned long	4	0 ~ $2^{32}-1$ (0 ~ 4294967295)
unsigned long long	8	0 ~ $2^{64}-1$

■ 실수형

소수점을 포함하는 숫자를 저장하기 위해서는 실수형 변수를 사용해야 한다. C언어에서 실수형 자료의 크기와 범위는 다음과 같다.

자료형	크기 (바이트)	값의 범위	유효자리수
float	4	-3.4×10^{-38} ~ 3.4×10^{38}	6
double	8	-1.7×10^{-308} ~ 1.7×10^{308}	15
long double	8	-1.7×10^{-308} ~ 1.7×10^{308}	15

■ 문자형

문자 또는 기호 하나를 저장하는 자료형으로 C언어에서는 작은 따옴표(') 안에 문자 한개를 표현하여 나타낸다. 문자형의 자료형은 char형 이며 길이는 1 바이트로 다음과 같은 자료형이 있다.

자료형	크기(바이트)	값의 범위
char	1	$-2^7 \sim 2^7-1$ (-128 ~ 127)
unsigned char	1	$0 \sim 2^8-1$ (0 ~ 255)

2.3 대입문

순서도에서 대입문은 변수에 상수 값을 저장하기 위하여 사용한다. 다음은 대입문의 예이다.

$$a = 0$$

= 기호를 사용하여 오른쪽의 상수 값을 왼쪽의 변수에 저장한다. 다른 변수에 저장되어 있는 값을 또 다른 변수에 대입하게 되면 값이 복사되어 저장이 된다. 다음 대입문은 변수 a의 값을 b에 대입하는 예이다. 변수 a의 값과 변수 b의 값이 같게 된다.

$$b = a$$

다음은 현재 a의 값에 1을 추가하는 대입문이다. = 의 오른쪽 a+1의 값을 a에 대입하는 의미는 현재 a의 값에 1을 추가하라는 의미가 된다.

$$a = a + 1$$

2.4 출력문

프로그램을 실행한 결과를 보기 위해서는 출력이 필요하다. 컴퓨터 화면에 출력을 하거나 프린터에 의해 인쇄를 하여 결과를 확인할 수 있다. 순서도에서 출력 기호는 다음과 같다.

출력기호	의미
a	컴퓨터 화면에 출력
a	프린터 또는 파일로 출력 (이 책에서는 이 기호를 출력문에 사용)

❶ 화면 출력 함수 printf()

순서도의 출력기호를 C프로그램으로 바꾸면 printf()를 사용한다. printf() 함수는 화면에 프로그램 실행 결과를 출력하는 함수이며 괄호() 안에 출력할 내용을 작성한다.

■ 문자열 출력

printf()함수의 괄호 안에 화면에 출력할 문자열을 큰따옴표(" ")사이에 작성한다. 다음은 순서도에서 "안녕!"이라는 문자열을 출력하는 출력기호를 C언어로 바꾼 예이다. 큰 따옴표 안에 작성한 글자들은 실행하면 작성한 글자 그대로 화면에 출력한다.

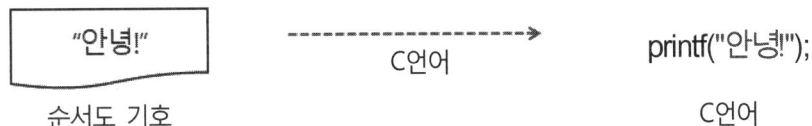

■ 상수 또는 변수 출력

상수 또는 변수의 값을 출력하기 위한 printf() 구문은 다음과 같다.

구문

printf("형식지정자", 상수 또는 변수)

printf()에서 사용하는 형식 지정자는 출력할 상수 또는 변수의 형식에 일치하도록 작성하여야 한다. 다음은 출력함수 printf()에서 사용하는 형식 지정자들이다.

형식지정자	의미
%d	정수형 출력
%f	실수형 출력
%c	문자 출력(단일 문자)
%s	문자열 출력

상수를 출력하려면 printf()함수에서 큰따옴표 내에 출력할 상수와 일치하는 형식지정자를 작성해야 한다.

```
10, 20        ──C언어──▶   printf("%d %d", 10, 20);
순서도 기호                    C언어
```

예를 들어 정수형 상수 10과 20을 출력하기 위해서 형식지정자는 각각 정수형인 "%d"를 사용한다. "%d"는 글자 그대로 %d를 출력하는 것이 아니라 상수 값을 정수 형태로 출력하면서 %d의 위치에 출력하라는 의미이다. 형식지정자는 출력할 상수 값의 순서대로 대응된다. 따라서 출력하는 값의 개수와 형식지정자의 개수가 일치하여야 한다.

```
       정수형
printf("%d %d", 10, 20);    형식 지정자는 출력할 값의 순서대로 대응된다.
       정수형
```

형식지정자는 문자열과 함께 사용할 수 있다. 큰따옴표안의 문자열은 글자 그대로 출력되고 %d 위치에 상수값이 출력된다.

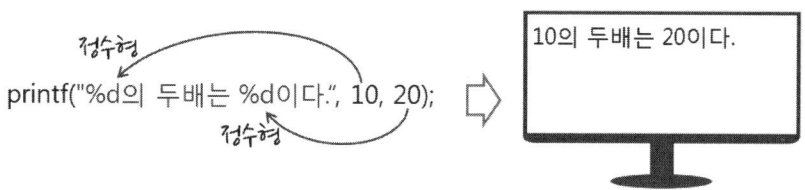

변수의 값을 출력하기 위해서 상수와 마찬가지로 형식지정자를 사용한다. 다음은 정수형 변수 a의 값을 출력하는 예이다.

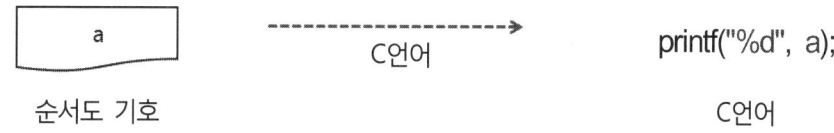

다음은 문자열과 형식지정자를 함께 사용하여 변수의 결과를 이해하기 쉽게 출력한 예이다. 큰따옴표안의 문자열은 글자 그대로 출력되고 형식지정자 위치에 변수의 값이 출력된다.

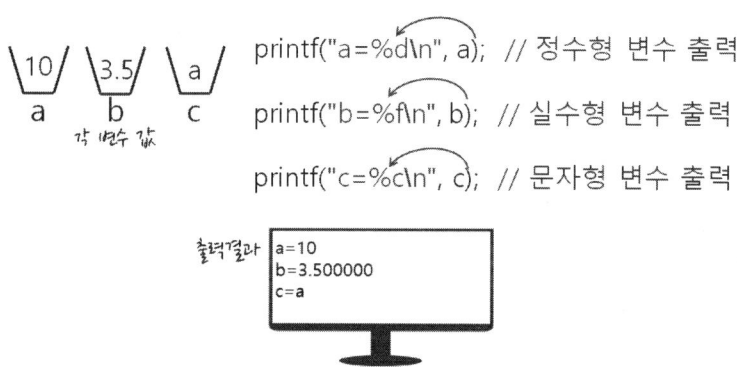

여러 변수값을 출력하기 위해서는 콤마(,)로 구분하여 변수명을 작성하고 출력하는 변수의 개수와 출력형식지정자의 개수가 일치하여야 한다.

printf("%d + %d = %d\n", a, b, a+b);

주의할 점은 출력형식 지정자와 변수의 자료형이 순서대로 일치하도록 작성하여야 한다.

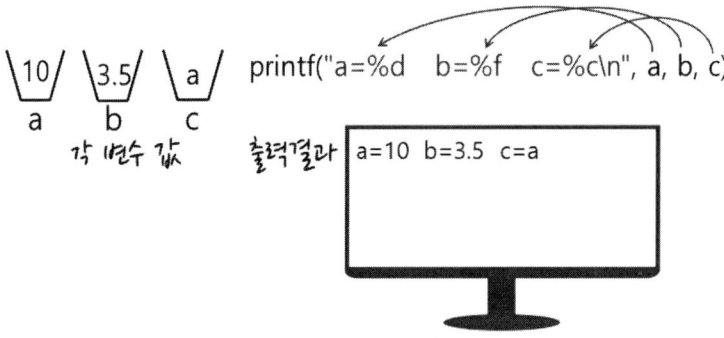

■ **출력 제어 문자**

printf()함수는 큰 따옴표안의 문자열을 출력한 후 다음 printf()함수의 문자열을 출력할 때 두 개 사이의 문자열 간에 자동으로 줄바꿈을 하지 않는다. 따라서, 다음 프로그램은 두 개의 printf() 출력문을 사용했지만 실제 실행을 하면 같은 줄에 두 개 문장이 출력된다.

```
printf("Hello World!");
printf("C programming~");
```

[실행결과]

```
Hello World!C programming~
```

줄바꿈을 하기 위해서는 printf()함수에 줄바꿈 기호(\n)를 넣어야 한다. 줄바꿈 기호를 사용하여 프로그램을 다시 수정해보면 다음과 같다.

```
printf("Hello World!\n");      //줄바꿈 기호 사용
printf("C programming~");
```

[실행결과]

```
Hello World!
C programming~
```

이렇게 줄바꿈 기호는 출력을 제어하는 출력 제어 문자이다. 출력 내용을 다양하게 제어하기 위해서는 큰 따옴표 안에 다음과 같은 출력제어문자들을 사용해야 한다.

출력제어문자	의미
\a	경고음을 출력한다.
\n	줄바꿈을 한다.
\t	일정간격을 띄운다.(탭)
\b	역으로 한칸 후진한다.
\r	같은 행에서 첫번째 위치로 이동한다.
\f	출력페이지를 한페이지를 넘긴다.
\0	공백문자
\\	'\' 문자를 출력한다.
\"	" 문자를 출력한다.

다음은 줄바꿈 기호(\n) 대신 일정간격을 띄우는 탭(\t) 을 사용한 예이다

```
printf("Hello World!");
printf("\tC programming~");   //일정 간격을 띄움
```

[실행결과]

```
Hello World!          C programming~
```

하나의 printf() 함수 안에서 여러 출력 제어 문자를 사용하여 출력되는 형태를 제어할 수 있다.

```
printf("반갑습니다!\n C 프로그램을 배워봅시다.\t 다양하게 출력해 봅시다.");
```

[실행결과]

```
반갑습니다!
C 프로그램을 배워봅시다.         다양하게 출력해 봅시다.
```

2.5 입력문

프로그램을 실행하면서 값을 입력받아야 하는 경우에 입력문을 작성한다. 입력문은 키보드를 통해서 사용자가 값을 입력하면 이 값이 변수에 저장되도록 한다. 순서도에서 입력 기호는 다음과 같다.

입력기호	의미
a 입력	키보드에서 누른 입력값이 변수 a에 저장

❶ 입력 함수 scanf_s()

순서도의 입력기호를 C프로그램으로 바꾸면 scanf_s()를 사용한다. 키보드를 통해서 입력값을 받을 수 있는 함수가 scanf_s() 함수이다. scanf_s()를 사용하는 구문은 다음과 같다.

구문

scanf_s("형식지정자", 변수)

scanf_s()함수를 사용하여 사용자가 미리 선언한 변수에 값을 입력받는다. 변수에 값을 입력받기 위해서는 변수명과 변수 형식과 일치하는 입력형식 지정자를 표기하여야 한다. scanf_s()함수에서 사용하는 입력형식지정자는 다음과 같다.

형식지정자	의미
%d	정수를 입력
%f	실수를 입력
%c	단일문자 입력
%s	문자열 입력

예를 들어, 다음은 정수형 변수 a에 값을 입력받아 저장하는 문장이다.

```
  ┌─────────┐         ------------>      scanf_s("%d", &a);
  │ a 입력  │            C언어
  └─────────┘
   순서도 기호                                    C언어
```

변수명 앞에 &를 붙여야 하는 것에 주의하여야 한다. 변수 a의 자료형이 정수형이므로 형식지정자는 입력받을 변수의 형식을 정수형으로 지정하도록 %d 로 작성한다.

```
scanf_s("%d",  &a);
         ↓      ↓
       형식지정자 변수
```

C프로그램에서 scanf_s() 문장을 만나면 키보드에서 값을 누를 때까지 기다리고 값을 입력한 후 엔터키를 입력하면 변수에 값이 저장된다. 다음은 한 번에 여러 입력 값을 받는 예이다.

```
  ┌─────────┐         ------------>      scanf_s("%d%d", &a,&b);
  │ a, b 입력 │          C언어
  └─────────┘
   순서도 기호                                    C언어
```

여러 변수간에 입력값을 구분하기 위해서는 다음 변수값을 입력하기 전에 공백을 입력하거나 탭 키를 입력한 후 다음 변수값을 입력하면 된다. 또는 엔터키를 입력하여 변수 값을 구분할 수 있다.

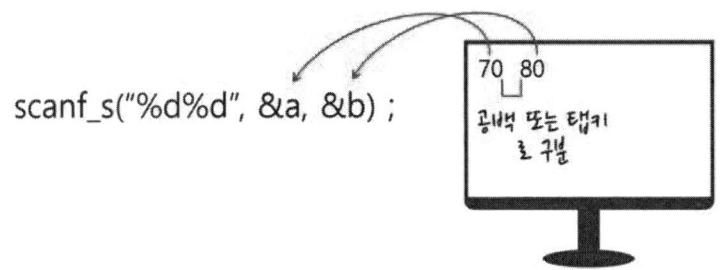

C프로그램에서 scanf_s() 문장을 만나면 키보드에서 값을 누를 때까지 기다리는데 우리가 빈화면을 보고 입력문이 실행되는 상황이라는 것을 예측하고 값을 입력하기가 쉽지 않다. 따라서 순서도의 입력기호를 C언어로 나타낼 때 입력 함수인 scanf_s() 함수 앞에 항상 입력을 설명하는 출력문을 넣는 것이 좋다.

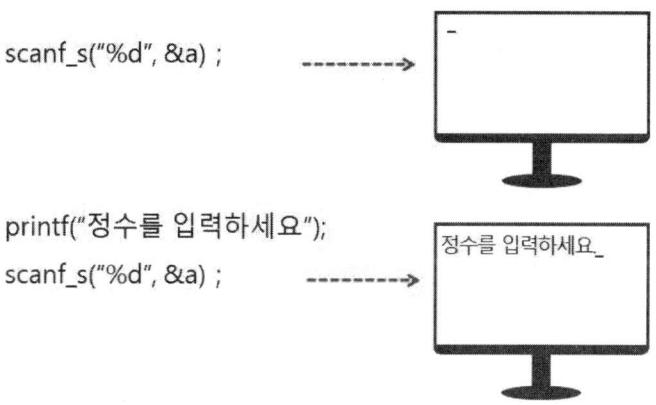

따라서 이 책에서는 순서도의 입력기호를 C언어로 작성할 때 printf()와 scanf_s()를 같이 작성하는 것으로 한다.

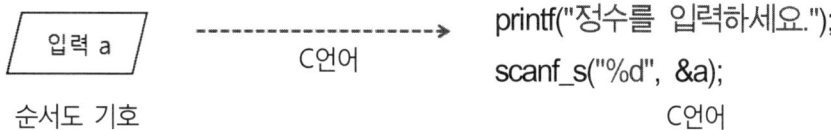

2.6 산술 연산자

프로그램에서 사용하는 수식 연산은 많은 데이터들을 가공하고 처리하기 위하여 기본이면서 중요한 부분이다. 연산자(operator)는 수식에서 연산을 할 때 사용하는 기호이고 연산에 사용하는 값들은 피연산자(operand)라고 한다. 산술연산자의 종류는 다음 표와 같다.

산술 연산자	의미	사용 예
+	덧셈	a + b
-	뺄셈	a - b
*	곱셈	a * b
/	나눗셈	a / b
%	나머지	a % b

2.7 C프로그램 작성하기

순서도로 작성한 작업을 C프로그램으로 변환하여 보자. C프로그램은 여러 개의 함수들로 구성된다. 간단한 문자열을 출력하는 다음 순서도를 보자.

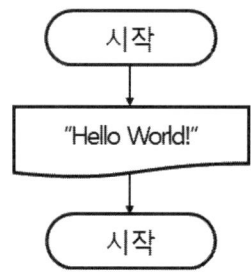

프로그램은 위에서 아래로 실행하기 때문에 순차 구조의 실행문이 여러 개라면 위에서 아래 방향 순서대로 작성하면 된다. 여러 함수 중 맨 처음 시작하는 함수는 main() 함수이며 반드시 존재해야 하는 함수이다. 시작 다음의 순서도 기호를 main() 함수의 { } 안에 작성한다.

프로그램

```
1    #include <stdio.h>          ←--- 전처리기
2    // C 프로그램                ←--- 주석
3    int main()                   ←--- main() 함수 정의
4    {                            ←--- 함수시작
5      printf("Hello World!");    ←--- 문장
6      return 0;
7    }                            ←--- 함수 끝
```

❶ #include <stdio.h>

#include 문은 프로그램 소스에 < 와 > 사이에 있는 파일을 포함시키는 명령어로 "stdio.h" 헤더파일을 포함시키는 전처리기(preprocessor)이다. 전처리기는 main() 함수를 읽기 전에 먼저 처리를 하는 문장이다. include문을 통해 입출력 함수가 정의되어 있는 "stdio.h" 헤더파일을 삽입해야 printf() 함수 또는 scanf_s()함수를 사용할 수 있다. ".h" 확장자를 가진 헤더파일들은 관련 있는 함수들을 그룹지어 정의되어 있는 파일로 프로그램에서 필요한 경우 여러 개씩 포함하여 사용한다.

❷ int main()

main()함수는 C 프로그램의 시작점으로 반드시 필요한 함수이며 하나만 존재해야 하는 함수이다. 모든 함수의 시작과 끝은 중괄호 { 와 }로 이루어지고 { 와 } 사이에 각종 실행 문장들을 작성한다.

```
int main()
{
  문장;
  문장;
  ...
}
```

main()은 주 프로그램을 의미하고 int는 함수의 반환타입이다. 즉, main()함수가 실행을 완료하고 정수값을 반환한다는 의미이다. 앞의 프로그램에서 6번째 줄의 return 0이 이에 대응하는 반환 값을 의미하며 함수의 작업을 끝내고 0을 반환한다는 의미이다. 0은 정상적인 작업의 완료를 의미한다.

❸ 주석(comment)

주석은 프로그램을 쉽게 이해하기 위해 적어놓은 일종의 메모이다. 실제 실행과는 상관없지만 프로그램을 읽을 때 아주 도움이 되는 설명이기 때문에 잘 활용하는 것이 좋다. 한줄 주석은 //로 시작하는데 //로 시작하는 현재 줄을 주석으로 인식한다. 여러 줄 주석은 /* 로 시작해서 */로 끝나는 줄까지 주석으로 처리한다.

```
#include <stdio.h>
int main()
{
 // 문자열 출력 프로그램 - 한줄 주석
 /* 문자열을 출력하는
    프로그램입니다.    - 여러 줄 주석 */
 printf("Hello World!");
 return 0;
}
```

프로그램의 각 소스 블록이 어떤 기능을 수행하도록 작성했는지 주석을 적절하게 사용하면 코드를 이해하기 수월하다. 특히 본인이 작성한 프로그램이라 할지라도 오랜 시간이 경과하면 기억하기 어려울 수 있기 때문에 소스의 블록마다 주석을 적절하게 사용하면 소스 코드를 이해하기 좋다.

❹ 문장

함수의 시작과 끝을 의미하는 중괄호 { 와 } 사이에 문장(statement)을 작성한다. 문장은 명령어를 의미한다. C언어에서 한 문장의 종료는 세미콜론(;)을 작성하여야 한다. 세미클론으로 구분된 각 문장은 한 줄에 걸쳐 여러 문장을 작성해도 되고 여러 줄에 걸쳐 작성해도 된다. 작성된 문장은 위에서 아래 방향으로 순서대로 실행된다. 다음의 오른쪽 C프로그램 같이 한 줄에 걸쳐 작성한 여러 문장은 왼쪽에서 오른쪽 방향으로 실행된다.

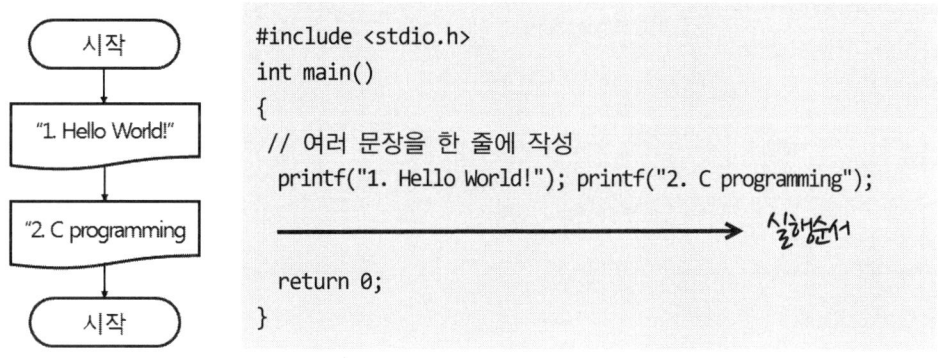

아래 프로그램은 위에 작성한 프로그램과 같다.

```
#include <stdio.h>
int main()
{
  // 한줄에 한 문장씩 작성
  printf("1. Hello World!");
  printf("2. C programming");
  return 0;
}
```

❺ 빈줄과 들여쓰기

프로그램의 들여쓰기는 실행과 상관없지만 소스코드를 읽고 이해하기 쉽기 때문에 연관되는 소스의 블록은 들여쓰기를 하는 것이 좋다. 다음 소스코드에서 printf() 문과 return 문의 문장은 글자를 들여쓰기 하였다. 또한 적당히 빈 줄을 넣고 들여쓰기를 병행하면 소스 블록을 구분하기 좋고 가독성을 높이기 때문에 적절하게 사용하는 것이 좋다.

```
#include <stdio.h>
int main()
{
    printf("1. Hello World!");
    printf("2. C programming");
                                    ← 빈줄
    return 0;
}   들여쓰기
```

순서도로 표현한 각 기호는 C프로그램에서 다음과 같이 { } 안에 문장으로 표현한다.

```
#include <stdio.h>
int main()
{

              이 부분에 순서도 기호에 대응하는 문장을 작성

    return 0;
}
```

다음은 두 정수의 합, 차, 곱, 나눗셈 결과를 구하는 순서도와 C프로그램의 예이다. 순서도의 각 기호를 대응하는 C언어로 작성하였다.

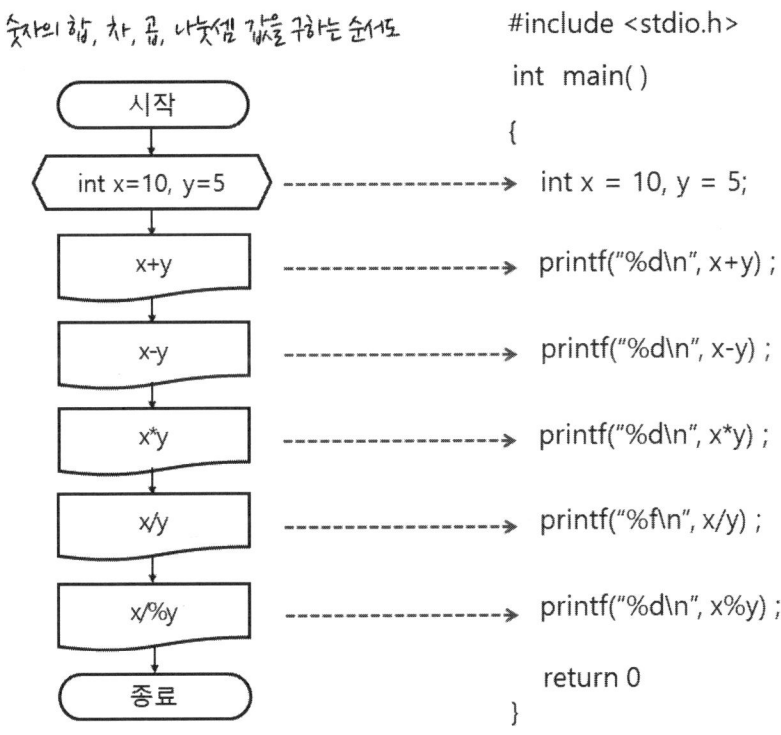

2.8 형변환

형 변환이란 값의 자료형이 변환되는 것을 말한다. float a=3; 의 경우 오른쪽 값 3은 3.0으로 변수 a의 자료형에 맞도록 변환되어 저장한다. 형 변환은 일치하지 않는 자료형을 유연성있게 변환한다.

❶ 자동형 변환

자동 형변환은 변수의 자료형을 다른 자료형으로 자동으로 변환하는 것을 말한다. 자동형 변환은 다음의 경우에 해당된다.

- 대입 연산에서 자동 형변환은 대입 연산자(=)의 왼쪽에 있는 변수의 자료형에 일치하도록 변환된다.
- 연산식에서 서로 다른 자료형이 있는 경우 큰 자료형으로 변환된다.

다음 예제를 살펴보자. 정수형 변수 a에 실수 10.25를 대입하지만 자동으로 정수형으로 변환하여 10을 대입한다.

```
int  a =10.25;
```

정수형과 실수형이 포함된 연산식의 결과는 실수형으로 자동 형변환 된다. 다음 예제는 실수와 정수가 복합된 연산식의 결과가 실수형으로 자동 형변환되는 예제이다.

순서도

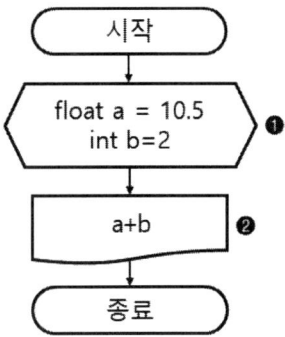

[순서도]
❶ 실수형 변수a와 정수형 변수 b를 선언하고 각각 10.5와 2로 초기화한다.
❷ a+b의 값을 출력한다.

C프로그램

```
1    #include <stdio.h>
2    int main()
3    {
4        float  a = 10.5;
5        int    b = 2;
6        printf("a+b = %f\n", a + b);
7        return 0;
8    }
```

[실행결과]

```
a+b = 12.500000
```

실수와 정수가 복합된 연산식의 결과는 실수형 임을 알 수 있다.

❷ 명시적형 변환

명시적 형 변환은 피 연산자 또는 변수의 자료형을 원하는 자료형으로 변환하는 것을 말한다. 명시적 형 변환을 하기 위해서 피연산자 또는 변수의 앞에 변환할 자료형을 괄호안에 작성한다.

구문

(변환할 자료형) 변수
(변환할 자료형) 피연산자

다음은 정수형 변수 a를 실수형으로 변환하는 예이다.

```
int  a = 5;
float  b;
b = (float)a;
```

정수인 두 수의 평균을 구할 때 정수와 정수의 계산 결과 자료형은 정수가 된다. 따라서 2로 나눈 평균 값은 소수점이하 값을 잃게 되어 오차가 발생할 수 있다. 정수와 실수가 복합된 연산식의 결과는 실수가 되기 때문에 두수의 합의 결과를 실수형으로 변환시키면 소수점 이하까지 구한 결과를 얻을 수 있다. 다음 예와 같이 두 수 합의 식 앞에 (float)를 붙이면 명시적 형변환 결과 실수형이 되기 때문에 소수점 이하의 값을 포함시킬 수 있다.

```
int  a = 4, b = 5;
float  avg;
avg = (float)(a+b)/2;
```

2.9 순차구조의 예제

❶ [예제2-1] 정수를 두배로 만들어 출력하기

변수 x에 10를 저장하고 이 값을 두 배로 만들어 출력한다. 변수 x에 10을 대입하고 두 배의 값이 된 x의 값을 출력하는 예제이다.

✎ 순서도 2-1

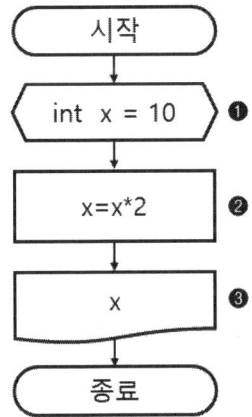

[순서도]
❶ 정수형 변수x를 선언하고 10으로 초기화한다.
❷ x의 값을 두배로 만든다.
❸ x를 출력한다.

예제 2-1.c

```
1   #include <stdio.h>
2   int main()
3   {
4       int  x = 10;
5
6       x = x*2;
7       printf("10의 두배는 %d이다. \n", x);
8       return 0;
9   }
```

[실행결과]

10의 두배는 20이다.

❷ [예제2-2] 분을 초로 바꾸어 출력하기

1분은 60초이다. 분을 입력받아 초로 바꾸기 위하여 변수 m에 분을 입력 받고 m*60을 계산하여 출력한다.

✎ 순서도 2-2

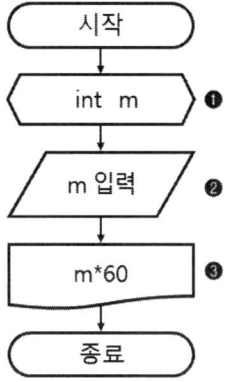

[순서도]
❶ 분을 입력 받을 정수형 변수m을 선언한다.
❷ 분을 입력 받아 m에 저장한다.
❸ m*60을 출력한다.

예제 2-2.c

```
1    #include <stdio.h>
2    int main()
3    {
4        int  m;
5
6        printf("분을 입력하세요.");
7        scanf_s("%d", &m);
8        printf("%d분은 %d초입니다. \n", m, m*60);
9        return 0;
10   }
```

[실행결과]

분을 입력하세요.3
3분은 180초입니다.

❸ [예제2-3] 가로와 세로를 입력받아 사각형의 면적 구하기

가로와 세로를 각각 입력받아 두 변수의 값을 곱한 사각형의 면적을 출력하는 예제이다. 가로와 세로를 입력받아 변수 a와 b에 저장하고 면적은 a*b로 계산하여 출력한다.

✏ 순서도 2-3

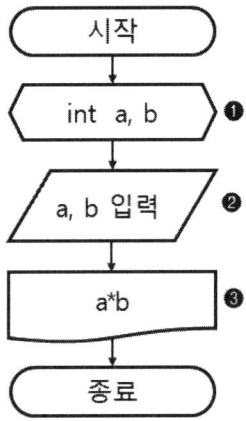

[순서도]
❶ 가로와 세로를 입력 받을 정수형 변수 a와 b를 선언한다.
❷ 가로와 세로를 입력 받아 각각 a와 b에 저장한다.
❸ 면적 계산식 a*b를 출력한다.

예제 2-3.c

```
1   #include <stdio.h>
2   int main()
3   {
4       int  a, b;
5   
6       printf("가로와 세로를 입력하세요.: ");
7       scanf_s("%d%d", &a, &b);
8       printf("사각형의 면적은 %dcm2 입니다. \n", a*b);
9       return 0;
10  }
```

[실행결과]

```
가로와 세로를 입력하세요.: 5 10
사각형의 면적은 50cm2 입니다.
```

❹ [예제2-4] 원의 면적 구하기

반지름을 입력받아 원의 면적을 구하는 프로그램을 작성해 보자. 반지름을 입력받아 변수 r에 저장하고 면적을 구하는 계산식 r*r*3.14를 계산하여 출력한다.

✏️ 순서도 2-4

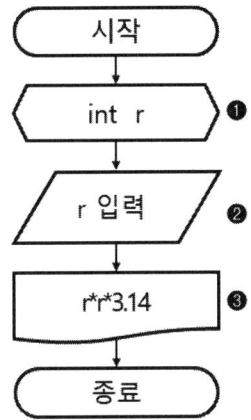

[순서도]
❶ 반지름을 입력 받을 정수형 변수 r을 선언한다.
❷ 반지름을 입력 받아 r에 저장한다.
❸ 원의 면적 계산식 r*r*3.14를 하여 출력한다.

예제 2-4.c

```
1    #include <stdio.h>
2    int main()
3    {
4        int r;
5
6        printf("반지름을 입력하세요.: ");
7        scanf_s("%d", &r);
8        printf("반지름 r인 원의 면적은 %f 입니다. \n", r, r*r*3.14);
9        return 0;
10   }
```

[실행결과]

반지름을 입력하세요.: 5
반지름 5인 원의 면적은 78.500000 입니다.

프로그램에서 면적의 결과 r*r*3.14가 실수형으로 소수점을 포함하기 때문에 8행의 출력문 printf()에서 r*r*3.14 값에 대응하는 형식지정자는 %f로 작성하였다.

❺ [예제2-5] 이동거리와 시간으로 평균 속도 계산하기

이동거리와 시간을 입력 받아 평균 속도를 계산하고 그 결과를 출력하는 예제이다.
(평균속도 = 이동거리/시간)

📝 순서도 2-5

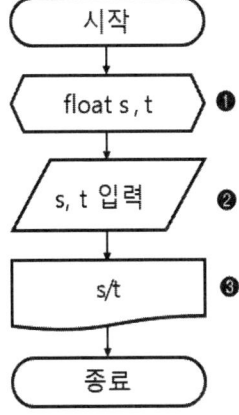

[순서도]
❶ 실수형 변수 s와 t를 선언한다.
❷ 변수 s와 t에 각각 거리와 시간을 입력 받는다.
❸ s/t를 계산하여 속도를 구하고 출력한다.

예제 2-5.c

```
1    #include <stdio.h>
2    int main()
3    {
4        float  s, t;
5    
6        printf("거리(km)와 시간(시)을 입력하세요.: ");
7        scanf_s("%f%f", &s, &t);
8        printf("평균 속도는 %f(km/h) 입니다. \n", s/t);
9        return 0;
10   }
```

[실행결과]

거리(km)와 시간(시)을 입력하세요.: 116 2
평균 속도는 58.000000(km/h) 입니다.

❻ [예제2-6] 두 과목의 점수를 입력받아 총점과 평균 구하기

수학과 영어의 점수를 각각 입력받고 총점과 평균을 구하여 출력하는 예제이다. 변수 math와 eng를 선언하여 수학과 영어 점수를 각각 입력받고 두 변수의 합인 총점과 총점을 2로 나눈 평균을 출력한다

✏️ 순서도 2-6

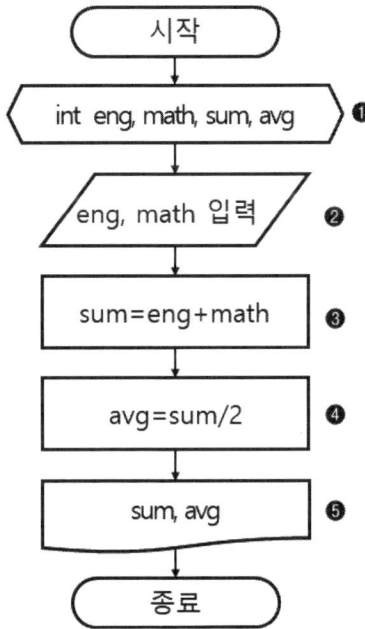

[순서도]
❶ 정수형 변수 eng, math, sum, avg를 선언한다.
❷ 두 과목의 점수를 입력 받아 각각 eng와 math에 저장한다.
❸ eng+math의 값을 sum에 저장한다. .
❹ sum/2를 하여 두 과목의 평균을 구하고 avg에 저장한다.
❺ sum과 avg를 출력한다.

예제 2-6.c

```
1    #include <stdio.h>
2    int main()
3    {
4        int  eng, math, sum;
5        float  avg;
6
7        printf("영어와 수학 점수를 입력하세요.: ");
8        scanf_s("%d%d", &eng, &math);
9        sum = eng + math;
10       avg = sum/2.0;
11       printf("총점=%d    평균=%f \n", sum, avg);
12       return 0;
13   }
```

[실행결과]

```
영어와 수학 점수를 입력하세요.: 98 86
총점=184    평균=92.000000
```

프로그램에서 두 과목의 평균 avg는 소수점을 포함할 수 있도록 총점인 sum/2.0 으로 작성하였다. C언어에서 정수와 실수의 계산 결과는 더 큰 자료형인 실수가 되기 때문에 실수형으로 만들기 위해 2로 나누는 대신 2.0으로 나누었다. 따라서 평균 avg의 출력형식지정자는 %f로 작성하였다.

❼ [예제2-7] 화씨 온도를 섭씨 온도로 변환하기

화씨 온도를 입력받아 섭씨 온도로 변환하는 예제이다. 변수 f를 입력받아 섭씨 계산식의 결과를 출력한다. (섭씨온도 = (화씨온도−32) X 5/9)

✏️ 순서도 2-7

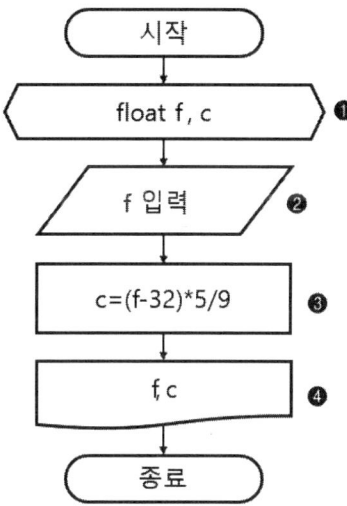

[순서도]
❶ 실수형 변수 f와 c를 선언한다.
❷ 변수 f에 화씨를 입력 받는다.
❸ (f-32)*(5/9)를 계산하여 c에 저장한다.
❹ f와 c를 출력한다.

예제 2-7.c

```c
1   #include <stdio.h>
2   int main()
3   {
4       float  f, c;
5   
6       printf("화씨 온도를 입력하세요.:");
7       scanf_s("%f", &f);
8   
9       c = (f - 32) * (5.0 / 9);
10      printf("화씨%.2f는 섭씨 온도%.2f 입니다.\n \n", f, c);
11      return 0;
12  }
```

[실행결과]

```
화씨 온도를 입력하세요.:100
화씨100.00는 섭씨 온도37.78 입니다.
```

연습문제

1. C프로그램에서 한줄 주석을 나타내기 위해 사용하는 기호는? (   )

2. C언어에서 입출력함수에 사용하는 형식지정자가 잘못 작성된 것을 고르시오.(   )
   (1) 10진 정수 : %d   (2) (float) 정수 : %f
   (3) 여러 문자(문자열) : %c   (4) 실수형 : %f

3. 밑변과 높이를 입력받아 삼각형의 면적을 구하는 순서도와 프로그램을 작성하시오.
   (삼각형의 면적: 밑변*높이*1/2))

4. 센티미터(cm)를 입력받아 인치로 변환하여 출력하는 순서도와 프로그램을 작성하시오.
   (인치: 센티미터*(1/2.54))

5. 반지름을 입력받아 원의 둘레를 구하여 출력하는 순서도와 프로그램을 작성하시오.
   (원의 둘레: 2*3.14*반지름)

6. A출판사에서는 책들을 박스에 담아 이동하려고 한다. 사이즈와 두께가 같은 책이라고 가정하고 박스에 꽉 채워서 담고 남은 책은 낱권으로 가져갈 예정이다. 한 박스에 책이 22권 담아진다면 이동할 박스는 몇박스이고 낱권은 몇권인지 출력하는 순서도와 프로그램을 작성하시오.

   [실행결과의 예]

   옮길 책의 개수를 입력하세요.:122
   5박스 2권을 옮겨야 합니다.

Chapter 03

선택구조

3.1 관계 연산자
3.2 논리 연산자
3.3 if 구조
3.4 if ~ else 구조
3.5 if ~ else if 구조
3.6 switch 구조
3.7 선택구조의 예제

Chapter 03
선택구조

프로그램은 순차적으로 한 문장씩 실행된다. 그러나 특정 조건에 따라 실행할 문장이 선택적으로 달라져야 하는 경우가 있다. 특정 조건을 판별하는 조건식에는 두 값을 비교하기 위하여 관계 연산자를 사용한다. 또한, 두개 이상의 조건을 판별하기 위해서는 논리 연산자를 사용한다. 순서도에서 관계 연산자와 논리 연산자를 사용하여 선택적인 작업을 할 수 있는 선택구조로는 if구조와 if~else문, if~else if 구조, switch 구조 등이 있다.

3.1 관계 연산자

관계 연산자는 두 값을 비교하기 위하여 사용한다. 두 값의 비교 결과는 참 또는 거짓으로 나타난다.

관계 연산자	의미
a == b	a가 b와 같다
a != b	a가 b와 다르다
a > b	a가 b보다 크다
a >= b	a가 b보다 크거나 같다
a < b	a가 b보다 작다
a <= b	a가 b보다 작거나 같다

다음 순서도는 변수 a 와 b에 들어 있는 값에서 큰 수를 구하는 순서도이다. 변수 a 와 b의 값을 비교하는 관계 연산자 >를 사용하여 변수 a에 들어있는 값이 변수 b에 들어있는 값보다 크면 a를 출력하고 그렇지 않으면 b를 출력한다.

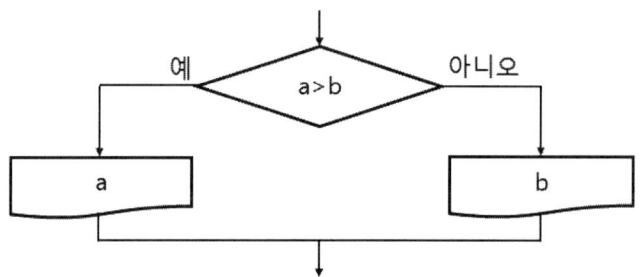

3.2 논리 연산자

논리 연산자는 여러 조건의 대하여 참인지 거짓인지를 판별하기 위하여 사용한다. 두 값에 대하여 논리합(OR), 논리곱(AND), 논리 부정(NOT)의 연산 결과이다.

논리 연산자	의미
a && b	a가 b가 모두 참인가?
a || b	a 또는 b가 참인가?
!a	a의 값을 부정

예를 들어 초등학생 나이만 이용 가능한 시설인 경우 나이를 판별하여 이용 가능 여부를 출력하는 순서도는 다음과 같다. 나이를 저장하고 있는 변수 age의 값이 8살 이상이고 14살 미만인지 판별하는 순서도이다.

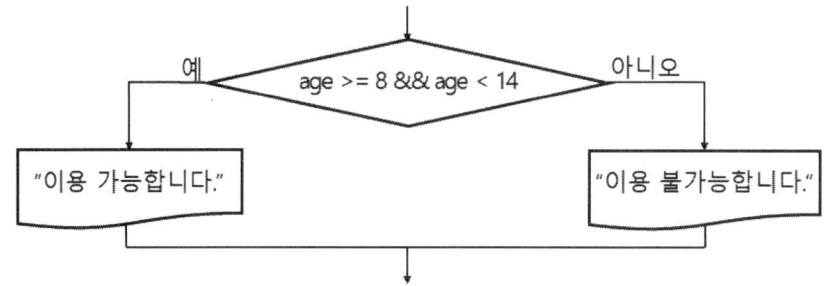

3.3 if 구조

먼저, if 구조의 경우 조건을 판별하여 참일 경우(예) 실행문을 수행하고 거짓일 경우 (아니오) 실행할 실행문은 없게 된다. 순서도로 나타내면 다음과 같다.

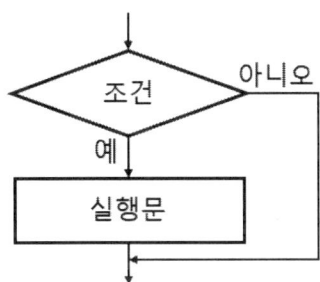

C프로그램에서 if 구조의 구문은 다음과 같이 작성한다.

구문

```
if (조건)
    실행문;
```

예를 들어, 점수가 80점 이상일 경우 "합격입니다.~" 메시지를 출력한다면 점수가 80 이상인지 아닌지를 판별해야하고 판별 결과 참인 경우에만 메시지를 출력한다.

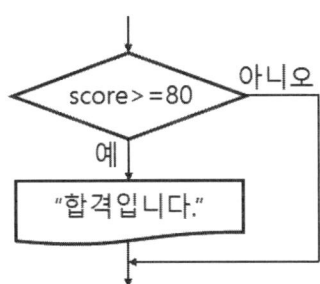

C프로그램으로 작성하면 다음과 같다.

```
if (score>=80)
    printf("합격입니다.\n");  //참인 경우 실행문
```

C프로그램으로 작성한 구문에서 주의해야 할 점은 다음과 같이 실행문에 앞서 조건식 바로 다음에 ;(세미콜론) 을 작성하는 경우이다.

```
if (score >= 80);         // 조건식 바로 다음에 ; 을 작성하면 안된다.
    printf("합격입니다.\n");
```

C프로그램에서 작성하는 if문은 조건식 바로 다음에 오는 첫 번째 ;(세미콜론)까지를 조건식이 참일 경우 수행할 실행문으로 인식한다. 그런데 조건식 바로 다음에 실행문이 없이 ; 을 작성하면 실행문은 널이 되어 조건식이 참이더라도 수행할 실행문은 없게 된다. 따라서 위의 if문은 입력받은 점수가 80점 이상이어도 실행할 문장이 없다. if문 바로 다음 문장인 printf문의 "합격입니다.~"라는 메시지는 if문과는 무관한 문장이기 때문에 입력받은 점수가 80점 이상이건 아니건 상관없이 무조건 출력되는 메시지가 된다. 초보자가 자주 실수하는 경우이므로 코딩에 주의 하도록 하자.

이번에는 점수가 80점 이상인 경우 "합격입니다."라는 메시지와 함께 "축하합니다.~"라는 메시지를 출력하도록 순서도를 작성해보자.

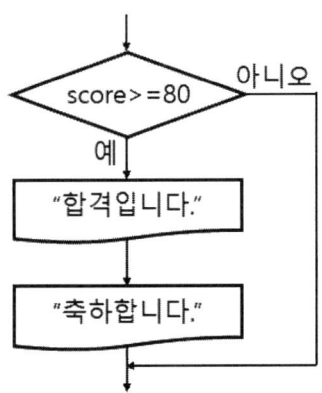

if 구조에서 조건의 판별결과가 참일 때 수행할 실행문이 여러 개 인 경우는 { }를 사용하여 블록으로 묶어야 한다.

```
if (score >= 80)
  {
    printf("합격입니다.~\n");
    printf("축하합니다.~\n");
  }
```

3.4　if ~ else 구조

if~else 구조는 조건식이 참일 경우 수행하는 실행문과 거짓일 경우 수행하는 실행문이 다르다.

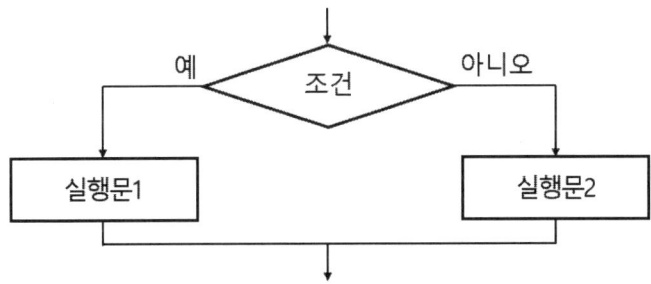

C프로그램에서 if ~ else 구조의 구문은 다음과 같이 작성한다.

구문
```
if (조건식)
   실행문1;
else
   실행문2;
```

예를 들어, 다음은 점수가 80점 이상인 경우 "합격입니다.~"라는 메시지를 출력하고 80점 미만인 경우 "불합격입니다~"라는 메시지를 출력하는 순서도이다.

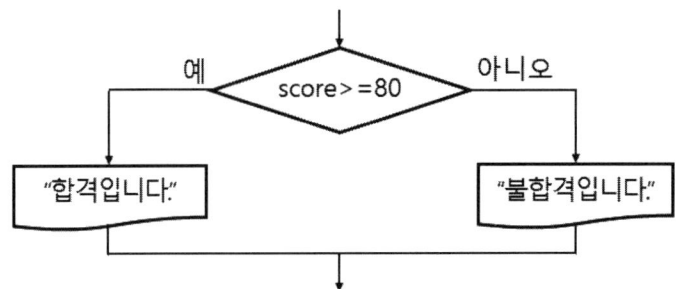

순서도를 C프로그램으로 작성하면 다음과 같다.

```
if (score >= 80)
    printf("합격입니다.~\n");
else
    printf("불합격입니다.~\n");
```

3.5 if ~ else if 구조

조건 판별을 두 번 이상 해야 하는 경우가 있다. 첫 번째 조건이 참인 경우 수행하는 실행문이 있고 거짓인 경우 다시 다음 조건을 판별해서 참 또는 거짓에 따라 수행하는 실행문이 다른 경우에 해당된다.

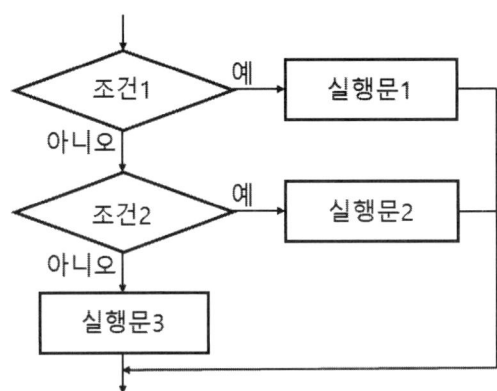

조건을 여러 번 판별하는 if~else if 구조를 C프로그램으로 작성하는 구문은 다음과 같다.

구문

```
if (조건식)
    실행문1;
else if (조건식)
        실행문2;
else
        실행문3;
```

예를 들어 다음은 age라는 변수에 저장되어 있는 나이를 판별하여 14세 미만이면 아동이고 20세 미만 청소년이고 20세 이상이면 성인으로 출력하는 순서도이다.

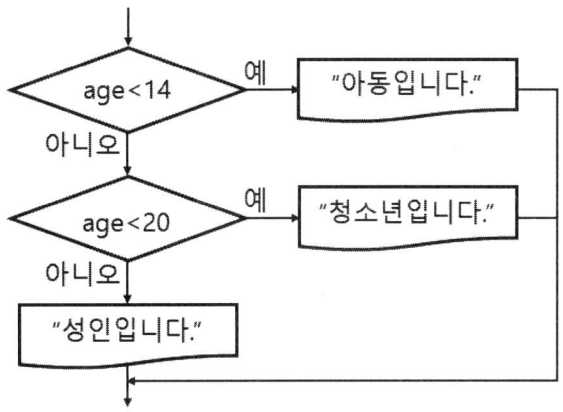

순서도를 C프로그램으로 작성하면 다음과 같다.

```
if (age < 14)
    printf("아동입니다.~\n");
else if (age < 20)
    printf("청소년입니다.~\n");
else
    printf("성인입니다.~\n");
```

3.6 switch 구조

switch 구조는 조건식 결과와 일치하는 값의 실행문을 선택해서 수행할 때 사용한다. switch구조에서는 조건식 값이 case의 값과 일치하는 조건에 따라 각 case의 실행문을 수행한다. 각 case의 값과 일치하는 값이 없는 그외의 값들은 default 문의 실행문이 수행되고 switch구조를 종료한다. if~else 구조를 사용하여 해결할 수 있지만 if~else 구조보다 더 이해하기 쉽고 간결한 구조가 될 수 있다.

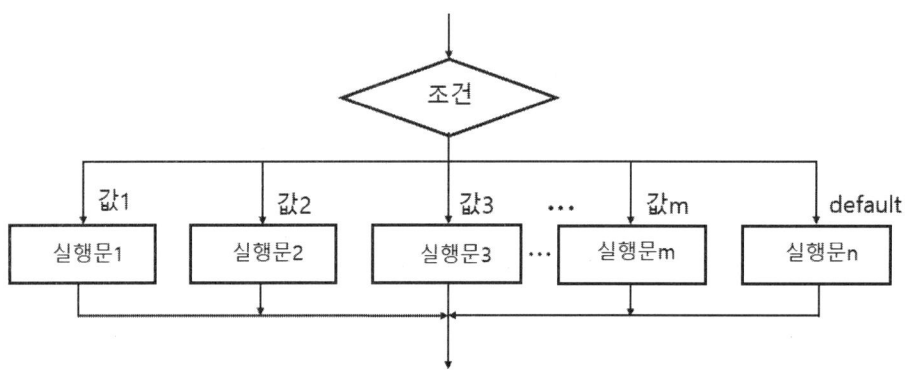

switch 구조에서 조건식의 결과는 정수일 때만 사용 가능하다. switch구조를 C프로그램으로 작성하면 다음과 같다.

구문

```
switch(조건식) {
  case 값1 : 실행문1; break;
  case 값2 : 실행문2; break;
        :
  default : 실행문n ;
}
```

C프로그램으로 작성한 switch 구조는 조건식의 값과 일치하는 각 case중 하나를 실행한 후에는 전체 switch를 빠져나오기 위해서 break문이 필요하다. 만약 break문이 없다면 조건식의 값과 일치하는 case를 실행한 후에는 아래 방향으로 작성한 그 다음 case의 실행문을 차례대로 수행하기 때문에 반드시 break문을 사용하여 전체 switch를 빠져나오도록 해야 한다. 다음은 각 학년별로 모이는 방을 공지하는 순서도와 프로그램이다.

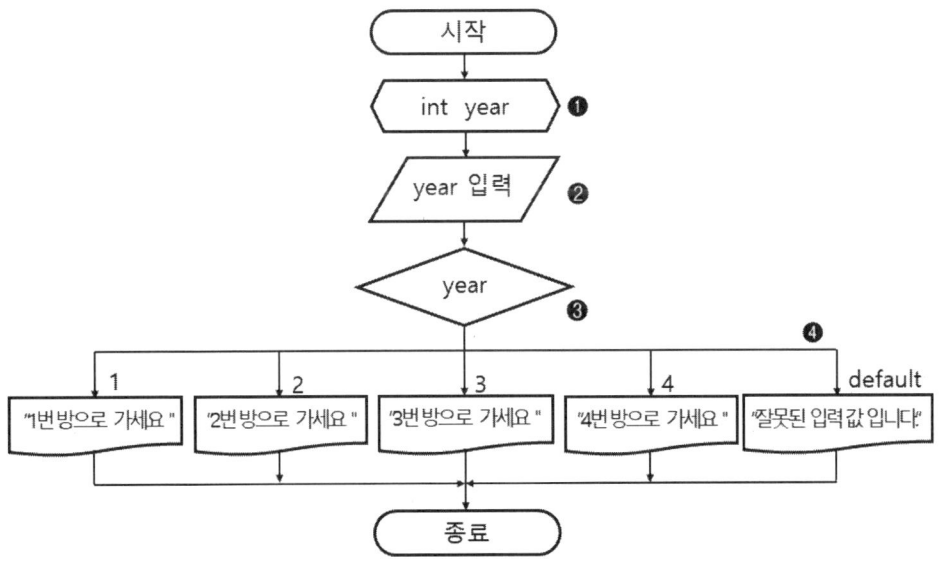

[순서도]
❶ 학년을 저장한 정수형 변수 year을 선언한다.
❷ year을 입력받아 저장한다.
❸ year의 값을 판별한다.
❹ 1이면 "1번방으로 가세요"를 출력한다.
   2이면 "2번방으로 가세요"를 출력한다.
   3이면 "3번방으로 가세요"를 출력한다.
   4이면 "4번방으로 가세요"를 출력한다.
   그외의 입력값이면 "잘못된 입력값입니다."를 출력한다.

C프로그램

```c
1   #include <stdio.h>
2   int main()
3   {
4       int year;
5       printf("학년을 입력하세요(1~4): ");
6       scanf_s("%d", &year);
7
8       switch (year) {
9       case 1 : printf("1번방으로 가세요. \n"); break;
10      case 2 : printf("2번방으로 가세요. \n"); break;
11      case 3 : printf("3번방으로 가세요. \n"); break;
12      case 4 : printf("4번방으로 가세요. \n"); break;
13      default : printf("잘못된 입력값입니다.  \n");
14      };
15      return 0;
16  }
```

[실행결과]

학년을 입력하세요(1~4): 3
3번방으로 가세요.

3.7 선택구조의 예제

❶ [예제3-1] 큰 수에서 작은 수의 차 출력하기

두 수를 입력받고 큰 수에서 작은 수를 빼는 순서도와 프로그램을 작성해보자. 두 수 중 어떤 수가 큰 수인지를 판별하기 위해 if 구조를 사용한다.

✎ 순서도 3-1

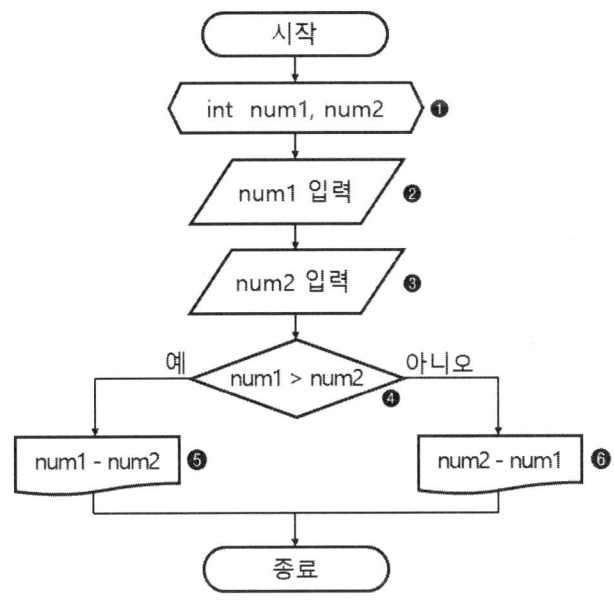

[순서도]
❶ 두 개 정수를 입력 받을 변수 num1, num2를 선언한다.
❷ 정수를 입력 받아 num1에 저장한다.
❸ 정수를 입력 받아 num2에 저장한다.
❹ num1 > num2이 참인지 판별한다.
❺ num1 > num2이 참이면 num1-num2를 출력한다.
❻ num1 > num2이 거짓이면 num2-num1을 출력한다.

예제 3-1.c

```
1    #include <stdio.h>
2    int main()
3    {
4      int num1, num2;
5      printf("첫 번째 수를 입력하세요._");
6      scanf_s("%d", &num1);
7      printf("두 번째 수를 입력하세요._");
8      scanf_s("%d", &num2);
9
10     if (num1 > num2)
11        printf("입력한 두수의 차는 %d 입니다. \n", num1-num2);
12     else
13        printf("입력한 두수의 차는 %d 입니다. \n", num2-num1);
14     return 0;
15   }
```

[실행결과]

첫 번째 수를 입력하세요_15
두 번째 수를 입력하세요_12
입력한 두수의 차는 3입니다.

❷ [예제3-2] 놀이공원시설 입장가능 판별하여 출력하기

놀이공원 시설에서 키가 140cm이하이면 입장이 불가능한 놀이기구가 있을 때 키에 따라 입장가능한지를 판별하는 순서도와 프로그램을 작성해보자.

✏️ 순서도 3-2

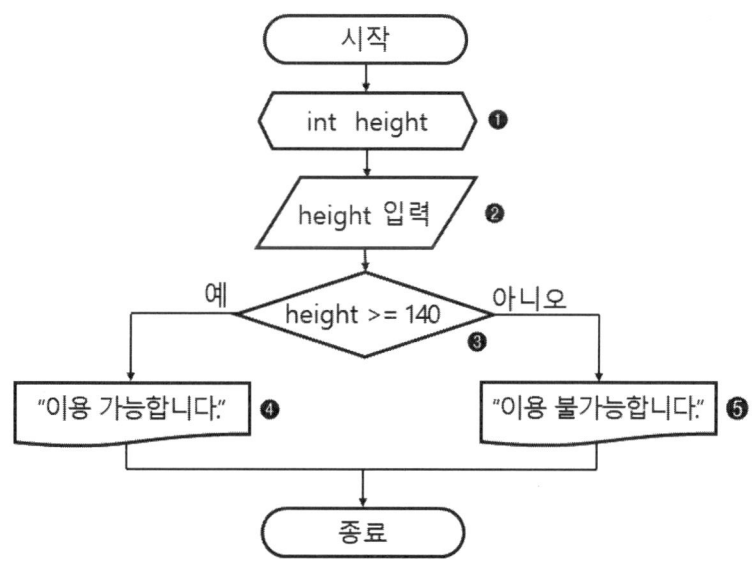

[순서도]
❶ 키를 입력 받을 정수형 변수 height를 선언한다.
❷ 키를 입력 받아 height에 저장한다.
❸ height>=140이 참인지 판별한다.
❹ height>=140이 참이면 "이용 가능합니다."를 출력한다.
❺ height>=140이 거짓이면 "이용 불가능합니다."를 출력한다.

예제 3-2.c

```
1    #include <stdio.h>
2    int main()
3    {
4     int height;
5     printf("키를 입력하세요(cm): ");
6     scanf_s("%d", &height);
7
8     if (height >= 140)
9         printf("140cm 이상이므로 놀이기구 이용 가능합니다. \n");
10    else
11        printf("140cm 이하는 놀이기구 이용 불가능합니다. \n");
12    return 0;
13   }
```

[실행결과]

키를 입력하세요(cm): 146
140cm 이상이므로 놀이기구 이용 가능합니다.

❸ [예제3-3] 입장권 할인 프로그램 작성하기

입장권 1매는 2000원이고 10매 이상 구입할 경우 10% 할인해주는 순서도와 프로그램을 작성해보자.

✏️ 순서도 3-3

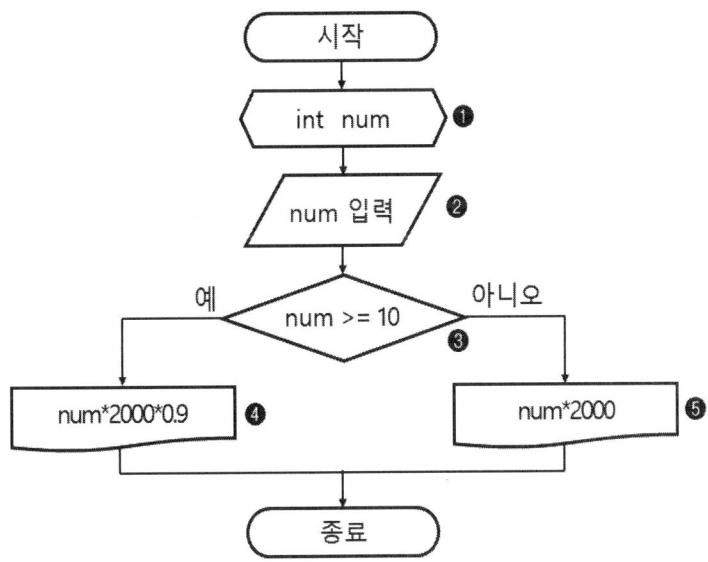

[순서도]
❶ 입장권 매수를 저장할 정수형 변수 num을 선언한다.
❷ 입장권 매수를 입력 받아 num에 저장한다.
❸ num >=10이 참인지 판별한다.
❹ num >=10이 참이면 num*2000*0.9를 계산하여 출력한다.
❺ num >=10이 거짓이면 num*2000를 계산하여 출력한다.

예제 3-3.c

```
1    #include <stdio.h>
2    int main()
3    {
4     int num;
5     printf("구매할 입장권의 수를 입력하세요.(1인 입장료: 2000원):");
6     scanf_s("%d", &num);
7
8     if (num >= 10)
9         printf("총 입장권 금액은 %f원 입니다.(10% 할인적용) \n", num*2000*0.9);
10    else
11        printf("총 입장권 금액은 %d원 입니다.\n", num*2000);
12    return 0;
13   }
```

[실행결과]

```
구매할 입장권의 수를 입력하세요.(1인 입장료: 2000원):12
총 입장권 금액은 21600.000000원 입니다.(10% 할인적용)
```

❹ [예제3-4] 짝수와 홀수 판별하기

정수를 입력받아서 짝수, 홀수를 판별하는 순서도와 프로그램을 작성해 보자.

📝 순서도 3-4

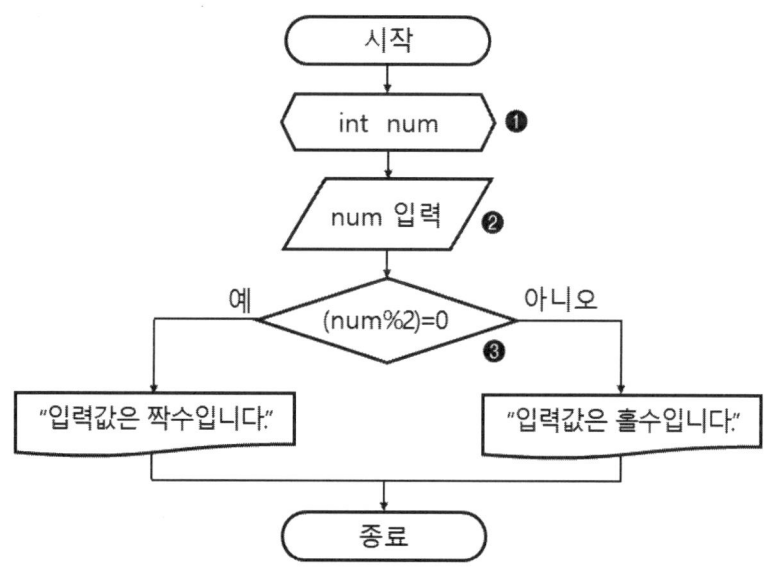

[순서도]
- ❶ 정수형 변수 num을 선언한다.
- ❷ num을 입력받는다.
- ❸ 짝수인지 판별하기 위해 (num%2)=0이 참인지 판별한다.
- ❹ (num%2)=0이 참이면 "입력값은 짝수입니다."를 출력한다.
- ❺ (num%2)=0이 거짓이면 "입력값은 홀수입니다."를 출력한다.

예제 3-4.c

```c
1    #include <stdio.h>
2    int main()
3    {
4     int num;
5     printf("숫자를 입력하세요:");
6     scanf_s("%d", &num);
7     if ((num %2) == 0)
8         printf("입력값은 짝수입니다.\n");
9     else
10        printf("입력값은 홀수입니다.\n");
11    return 0;
12   }
```

[실행결과]

숫자를 입력하세요:5
입력값은 홀수입니다.

❺ [예제3-5] 양수, 0, 음수 판별하기

정수를 입력받아서 양수, 0, 음수를 판별하는 순서도와 프로그램을 작성해 보자.

✎ 순서도 3-5

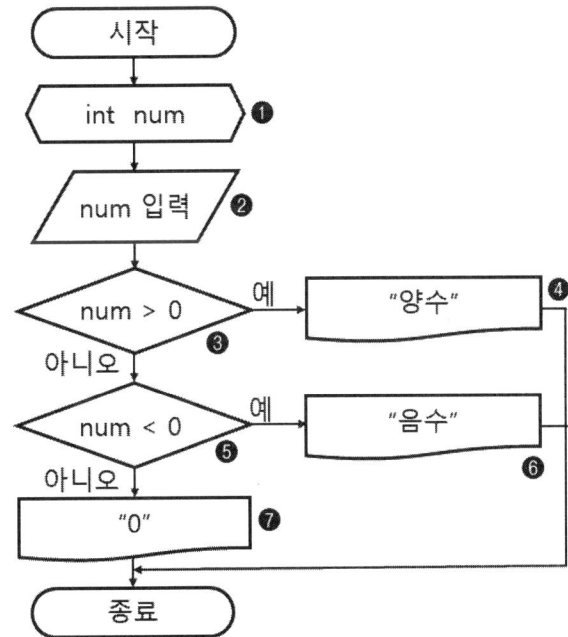

[순서도]
❶ 정수형 변수 num을 선언한다.
❷ num을 입력받는다.
❸ num>0이 참인지 판별한다.
❹ num>0이 참이면 "양수"를 출력한다.
❺ num>0이 거짓이면 num<0이 참인지 판별한다.
❻ num>0이 거짓이고 num<0이 참이면 "음수"를 출력한다.
❼ num>0이 거짓이고 num<0이 거짓이면 "0"을 출력한다.

예제 3-5.c

```c
1   #include <stdio.h>
2   int main()
3   {
4    int num;
5    printf("정수를 입력하세요.:");
6    scanf_s("%d", &num);
7
8    if (num > 0)            //입력한 정수가 0보다 크면 양수
9       printf("입력한 정수 %d (은)는 양수입니다. \n", num);
10   else if (num < 0)       //입력한 정수가 0보다 작으면 음수
11      printf("입력한 정수 %d (은)는 음수입니다. \n", num);
12   else
13      printf("입력한 정수 %d (은)는 0 입니다. \n", num);
14   return 0;
15  }
```

[실행결과]

```
정수를 입력하세요.:7
입력한 정수 7 (은)는 양수입니다.
```

❻ [예제3-6] 나이에 따라 아동, 청소년, 성인, 노인 출력하기

나이에 따라 아동, 청소년, 성인, 노인으로 출력하는 순서도와 프로그램을 작성해보자.

나이	출력 내용
13살 이하	아동
14살 이상, 19살 이하	청소년
20살 이상	성인
65살 이상	노인

📝 순서도 3-6

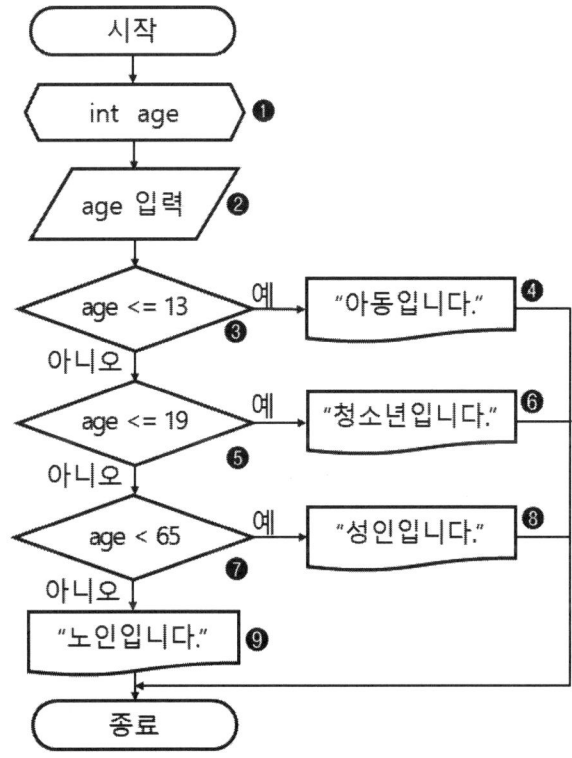

[순서도]

❶ 나이를 저장할 변수 age를 선언한다.
❷ age를 입력받는다.
❸ age<=13이 참인지 판별한다.
❹ age<=13이 참이면 "아동입니다."를 출력한다.
❺ age<=13이 거짓이면 age>=14이고 age<=19가 참인지 판별한다.
❻ age>=14이고 age<=19가 참이면 "청소년입니다."를 출력한다.
❼ age>=14이고 age<=19가 거짓이면 age<65가 참인지 판별한다.
❽ age>=14이고 age<=19가 거짓이고 age<65가 참이면 "성인입니다."를 출력한다.
❾ age>=14이고 age<=19가 거짓이고 age<65가 거짓이면 "노인입니다."를 출력한다.

예제 3-6.c

```
1   #include <stdio.h>
2   int main()
3   {
4       int   age;
5
6       printf("나이를 입력하세요. : ");
7       scanf_s("%d", &age);
8
9       if (age <= 13)
10          printf("아동입니다.\n");
11      else if (age<=19)
12          printf("청소년입니다.\n");
13      else if (age<65)
14          printf("성인입니다.\n");
15      else
16          printf("노인입니다.\n");
17      return 0;
18  }
```

[실행결과]

나이를 입력하세요. : 17
청소년입니다.

❼ [예제3-7] 음료 선택에 따른 가격 계산하기

음료 메뉴와 개수를 입력하면 지불할 총 금액을 계산해주는 순서도와 프로그램을 작성하여 보자. 커피는 3000원, 쥬스는 4000원, 레몬티는 3500이라고 가정하고 세 개 음료 메뉴를 각각 1, 2, 3으로 입력받도록 하자. 입력한 음료 메뉴의 번호가 1, 2, 3 중 하나가 아니라면 "잘못 선택했습니다."를 출력하고 종료한다.

✏️ 순서도 3-7

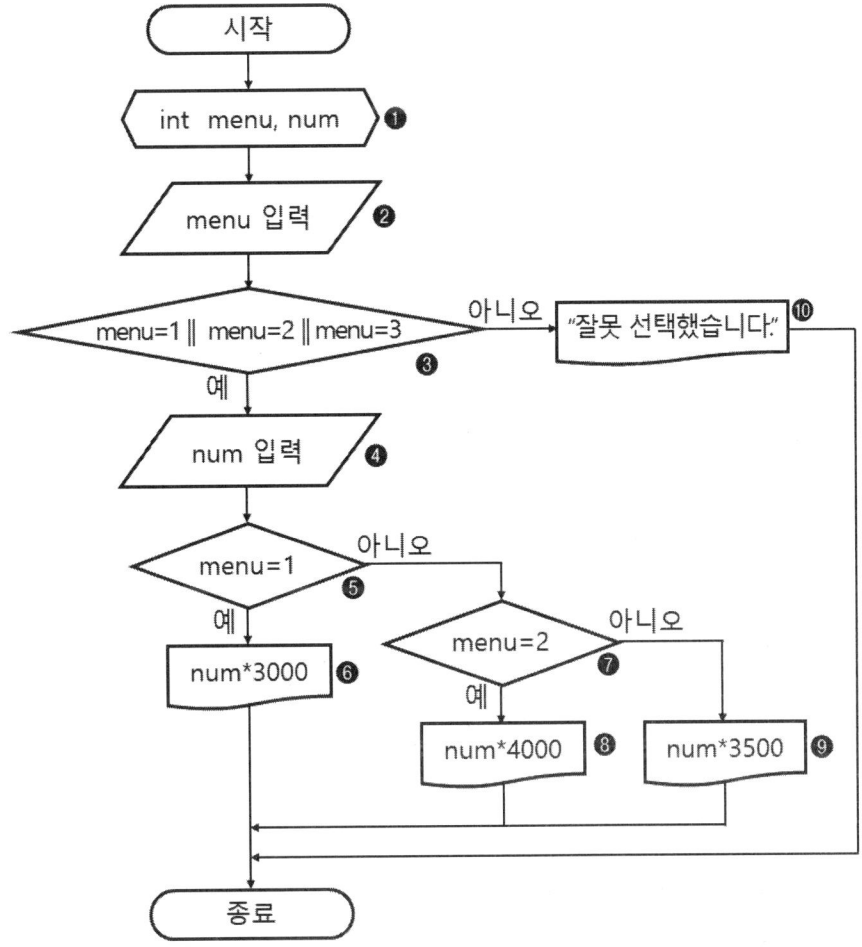

[순서도]
❶ 메뉴를 입력 받을 변수 menu, 개수를 입력 받을 변수 num을 선언한다.
❷ menu(메뉴번호)를 입력 받는다.
❸ menu가 1,2,3 중 하나인지 판별한다.
❹ menu가 1,2,3 중 하나인지를 판별한 값이 참이면 num을 입력받는다.
❺ menu=1인지 판별한다.
❻ menu=1이 참이면 num*3000을 출력한다.
❼ menu=1이 거짓이면 menu=2인지 판별한다.
❽ menu=1이 거짓이고 menu=2가 참이면 num*4000 출력한다.
❾ menu=1이 거짓이고 menu=2가 거짓이면(menu=3의 의미) 3500*num을 출력한다.
❿ menu가 1,2,3 중 하나인지를 판별한 값이 거짓이면 "잘못 선택했습니다."를 출력한다.

예제 3-7.c

```c
1    #include <stdio.h>
2    int main()
3    {
4      int menu, num;
5      printf("음료를 선택하세요…"1.커피(3000원) 2.쥬스(4000원) 3.레몬티(3500원) ");
6      scanf_s("%d", &menu);
7      if (menu==1 || menu==2 || menu==3)
8      {
9        printf("몇 잔을 주문하시겠습니까?");
10       scanf_s("%d", &num);
11       if (menu==1)            //커피를 선택한 경우
12          printf("주문하신 음료의 총 가격은 %d원 입니다. \n", 3000*num);
13       else if (menu==2)       //쥬스를 선택한 경우
14            printf("주문하신 음료의 총 가격은 %d원 입니다. \n", 4000*num);
15       else                    //레몬티를 선택한 경우
16          printf("주문하신 음료의 총 가격은 %d원 입니다. \n", 3500*num);
17     }
18     else
19        printf("잘못 선택했습니다. \n");
20     return 0;
21   }
```

[실행결과]

음료를 선택하세요...1.커피(3000원) 2.쥬스(4000원) 3.레몬티(3500원) 2
몇 잔을 주문하시겠습니까?2
주문하신 음료의 총 가격은 8000원 입니다.

❽ [예제3-8] 할인여부 판단하여 음료 가격 계산하기

한잔에 2000원인 음료에 대하여 여러 잔 주문을 할 경우 총합을 구하는 예제를 풀어보자. 10잔 이상을 주문하면 총금액에 대하여 10% 할인을 해준다. 또한 학생인 경우도 10% 할인을 해준다. 주문한 음료에 대한 총합을 구하는 순서도와 프로그램을 작성해보자. 잔의 수는 변수 num에 입력을 받고 type에서 일반은 1로 학생은 2로 입력받도록 하자.

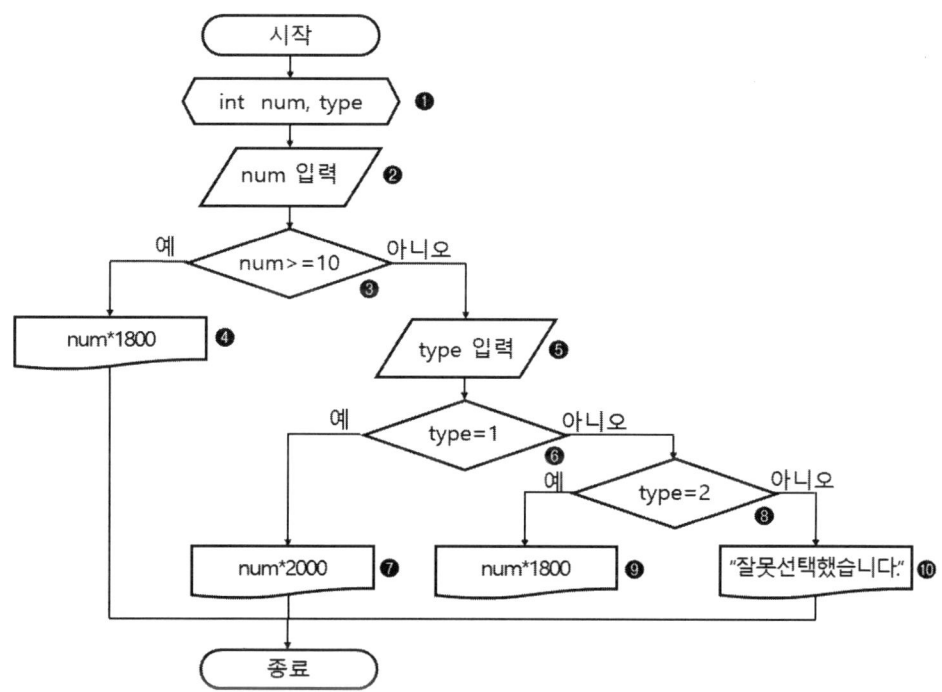

순서도 3-8

[순서도]
❶ 정수형 변수 num과 type을 선언한다.
❷ num을 입력받는다.
❸ num>=10인지 판별한다.
❹ num>=10이 참이면 num*1800을 출력한다.
❺ num>=10이 거짓이면 type을 입력받는다.
❻ num>=10이 거짓이고 type=1(일반)인지 판별한다.
❼ num>=10이 거짓이고 type=1(일반)이 참이면 num*2000을 출력한다.
❽ num>=10이 거짓이고 type=1(일반)이 거짓이면 type=2(학생)이 참인지 판별한다.
❾ num>=10이 거짓이고 type=1(일반)이 거짓이고 type=2(학생)이 참이면 num*1800을 출력한다.
❿ num>=10이 거짓이고 type=1(일반)이 거짓이고 type=2(학생)이 거짓이면 "잘못 선택했습니다."를 출력한다.

예제 3-8.c

```c
1    #include <stdio.h>
2    int main()
3    {
4       int num, type ;
5       printf("몇잔을 주문하시겠어요? ");
6       scanf_s("%d", &num);
7       if (num>= 10)        //10잔 이상을 입력한 경우
8            printf("주문하신 음료의 총 가격은 %d원 입니다. \n", num*1800);
9       else
10      {
11         printf("일반, 학생으로 선택하세요.(일반:1  학생:2)");
12         scanf_s("%d", &type);
13         if (type==1)
14              printf("주문하신 음료의 총 가격은 %d원 입니다. \n", num * 2000);
15         else if (type==2)
16              printf("주문하신 음료의 총 가격은 %d원 입니다. \n", num * 1800);
17         else
18              printf("잘못 선택했습니다. \n");
19      }
20        return 0;
21   }
```

[실행결과]

```
몇잔을 주문하시겠어요? 2
일반, 학생으로 선택하세요.(일반:1    학생:2):2
주문하신 음료의 총 가격은 3600원 입니다.
```

❾ [예제3-9] 비만도 지수 계산하기

몸무게와 키를 입력받아 비만도 지수(Body Mass Index)를 계산하고 BMI 지수에 따라 비만 정도를 출력하는 순서도와 프로그램을 작성해보자. BMI 지수를 계산하는 식은 체중(kg)/키(m)*키(m)이다.

저체중	정상	비만 전단계	1단계비만	2단계비만	3단계비만
18.5미만	18.5~22.9	23~24.9	25~29.9	30~34.9	35이상

비만 분류(2018. 대한비만학회)

📝 순서도 3-9

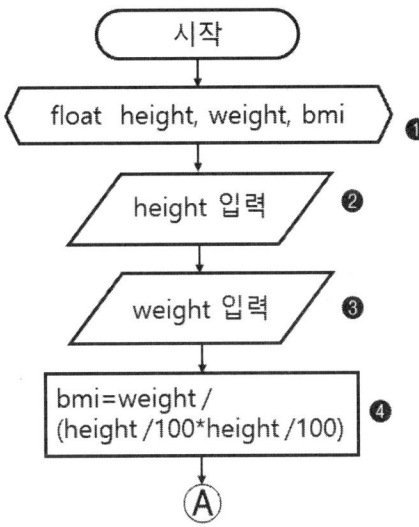

[순서도]

❶ 실수형 변수 height, weight, bmi를 선언한다.
❷ height(키)를 입력받는다.
❸ weight(몸무게)를 입력받는다.
❹ weight/(height/100*height/100) 을 계산하여 bmi에 저장한다.

✏️ 순서도 3-9

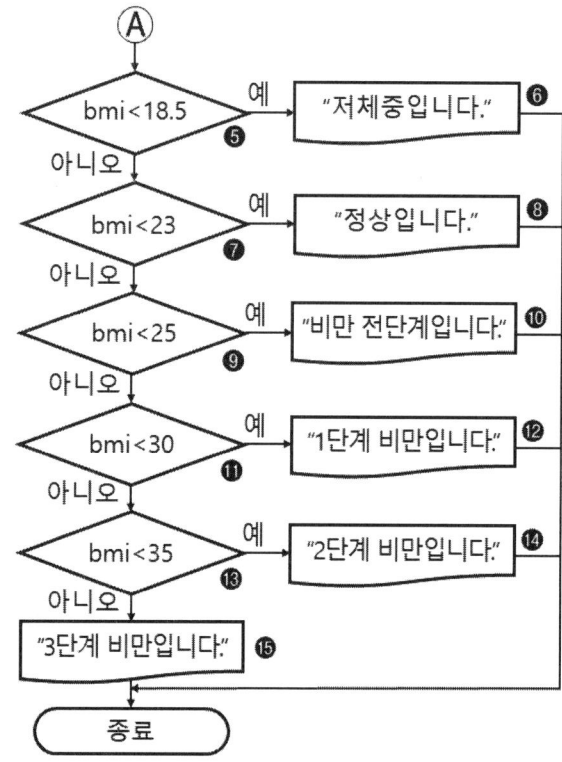

[순서도]

❺ bmi<18.5가 참인지 판별한다.
❻ bmi<18.5가 참이면 "저체중입니다."를 출력한다.
❼ bmi<18.5가 거짓이면 bmi>=18.5이고 bmi<23이 참인지 판별한다.
❽ bmi<18.5가 거짓이면 bmi>=18.5이고 bmi<23이 참이면 "정상입니다."를 출력한다.
❾ bmi>=18.5이고 bmi<23이 거짓이면 bmi>23이고 bmi<25인지 판별한다.
❿ bmi>23이고 bmi<25가 참이면 "비만 전단계입니다."를 출력한다.

⑪ bmi>23이고 bmi<25가 거짓이면 bmi>25이고 bmi<23이 참인지 판별한다.
⑫ bmi>25이고 bmi<23이 참이면 "1단계 비만입니다."를 출력한다.
⑬ bmi>25이고 bmi<23이 거짓이면 bmi>=30이상이고 bmi<35인지 판별한다.
⑭ bmi>=30이상이고 bmi<35 참이면 "2단계 비만입니다."를 출력한다.
⑮ bmi>=30이상이고 bmi<35 거짓이면 "3단계 비만입니다."를 출력한다.

예제 3-9.c

```
1   #include <stdio.h>
2   int main()
3   {
4       float height, weight, bmi;
5       printf("키를 입력하세요");
6       scanf_s("%f", &height);
7       printf("몸무게를 입력하세요");
8       scanf_s("%f", &weight);
9       bmi = weight / (height / 100 * height / 100);
10      if (bmi < 18.5)
11              printf("저체중입니다.");
12      else if (bmi < 23)
13              printf("정상입니다.");
14      else if (bmi < 25)
15              printf("비만 전단계입니다.");
16      else if (bmi < 30)
17              printf("1단계 비만입니다.");
18      else if (bmi < 35)
19              printf("2단계 비만입니다.");
20      else
21              printf("3단계 비만입니다.");
22      return 0;
23  }
```

[실행결과]

키를 입력하세요:174
몸무게를 입력하세요:73
비만 전단계입니다.

⑩ [예제3-10] 점수에 따라 학점을 부여하는 프로그램 작성하기(1)

학점을 부여하는 순서도와 프로그램을 작성해보자. 입력받은 시험점수에 따라 90점 이상이면 A학점, 80점 이상이면 B학점, 70점 이상이면 C학점, 60점 이상이면 D학점을 부여하고 그 이외의 점수는 F학점으로 처리하는 순서도와 프로그램이다.

📝 순서도 3-10

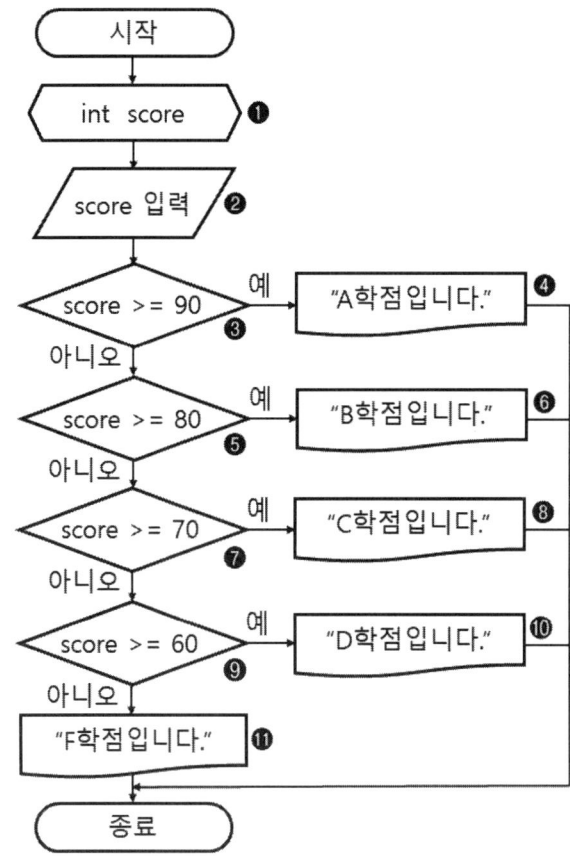

[순서도]
❶ 점수를 저장할 변수 score를 선언한다.
❷ score를 입력받는다.
❸ score>=90인지 판별한다.
❹ score>=90이 참이면 "A학점입니다."를 출력한다.

❺ score>=90이 거짓이면 score>=80이고 score <90인지 판별한다.
❻ score>=80이고 score<90이 참이면 "B학점입니다."를 출력한다.
❼ score>=80이고 score<90이 거짓이면 score>=70이고 score<80이 참인지 판별한다.
❽ score>=70이고 score<80이 참이면 "C학점입니다."를 출력한다.
❾ score>=70이고 score<80이 거짓이면 score>=60이고 score<70이 참인지 판별한다.
❿ score>=60이고 score<70이 참이면 "D학점입니다."를 출력한다.
⓫ score>=60이고 score<70이 거짓이면 "F학점입니다."를 출력한다.

예제 3-10.c

```c
1   #include <stdio.h>
2   int main()
3   {
4     int score;
5     printf("점수를 입력하세요.: ");
6     scanf_s("%d", &score);
7   
8     if (score >= 90)
9       printf("%d점은 A학점입니다. \n", score);
10    else if (score >= 80)
11      printf("%d점은 B학점입니다. \n", score);
12    else if (score >= 70)
13      printf("%d점은 C학점입니다. \n", score);
14    else if (score >= 60)
15      printf("%d점은 D학점입니다. \n", score);
16    else
17      printf("%d점은 F학점입니다. \n", score);
18    return 0;
19  }
```

[실행결과]

점수를 입력하세요.: 78
78점은 C학점입니다.

⓫ [예제3-11] 점수에 따라 학점을 부여하는 프로그램 작성하기(2)

다음 프로그램은 시험점수에 따라 학점을 부여하는 프로그램으로 앞서 if~else 구조로 작성했던 코드보다 간결하게 작성된 것을 알 수 있다. 각 점수를 10으로 나눈 나머지 값을 체크하여 학점을 부여하였다. 이때, 90점 이상 100점 사이 학생들은 A학점이므로 10으로 나눈 나머지가 9와 10은 A학점이다.

✏️ 순서도 3-11

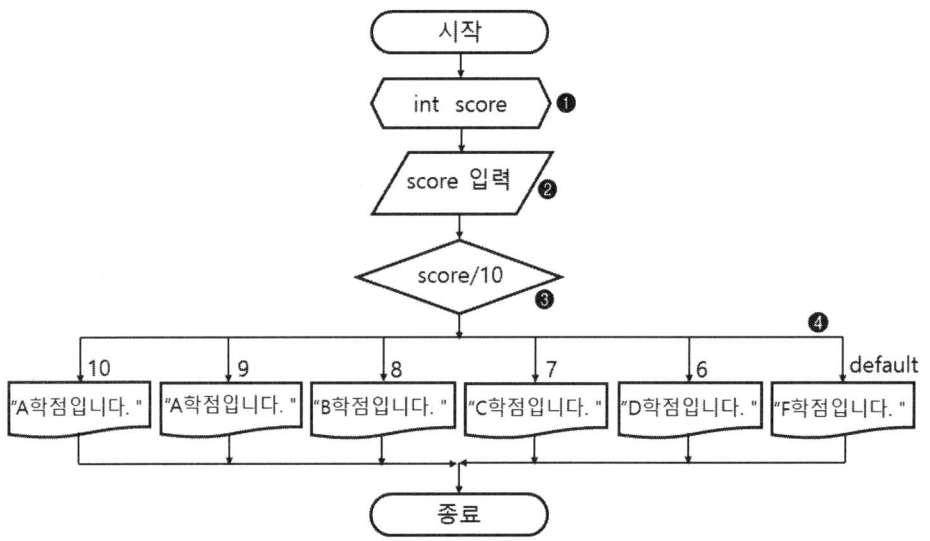

[순서도]
❶ 점수를 저장할 변수 score를 선언한다.
❷ score를 입력받는다.
❸ score/10의 값을 판별한다.
❹ 10이면 "A학점입니다."를 출력한다.
　 9이면 "A학점입니다."를 출력한다.
　 8이면 "B학점입니다."를 출력한다.
　 7이면 "C학점입니다."를 출력한다.
　 6이면 "D학점입니다."를 출력한다.
　 그외의 값이면 "F학점입니다."를 출력한다.

예제 3-11.c

```c
1    #include <stdio.h>
2    int main()
3    {
4        int score;
5        printf("점수를 입력하세요._");
6        scanf_s("%d", &score);
7    
8        switch (score/10) {
9        case 10 :
10       case 9 : printf("%d점은 A학점입니다. \n", score); break;
11       case 8 : printf("%d점은 B학점입니다. \n", score); break;
12       case 7 : printf("%d점은 C학점입니다. \n", score); break;
13       case 6 : printf("%d점은 D학점입니다. \n", score); break;
14       default : printf("%d점은 F학점입니다. \n", score);
15       };
16       return 0;
17   }
```

[실행결과]

점수를 입력하세요._78
78점은 C학점입니다.

100점인 경우 나머지는 10이 되는데 break문을 만날 때까지 실행되는 것을 응용하여 다음 실행문인 case 9가 실행되도록 하였고 같은 출력문 결과가 나타나도록 하였다.

⓬ [예제3-12] 사칙연산 계산기 프로그램 작성하기

두 수에 대한 사칙연산을 하는 계산기 프로그램의 순서도와 C프로그램을 작성해 보자.

✏️ 순서도 3-12

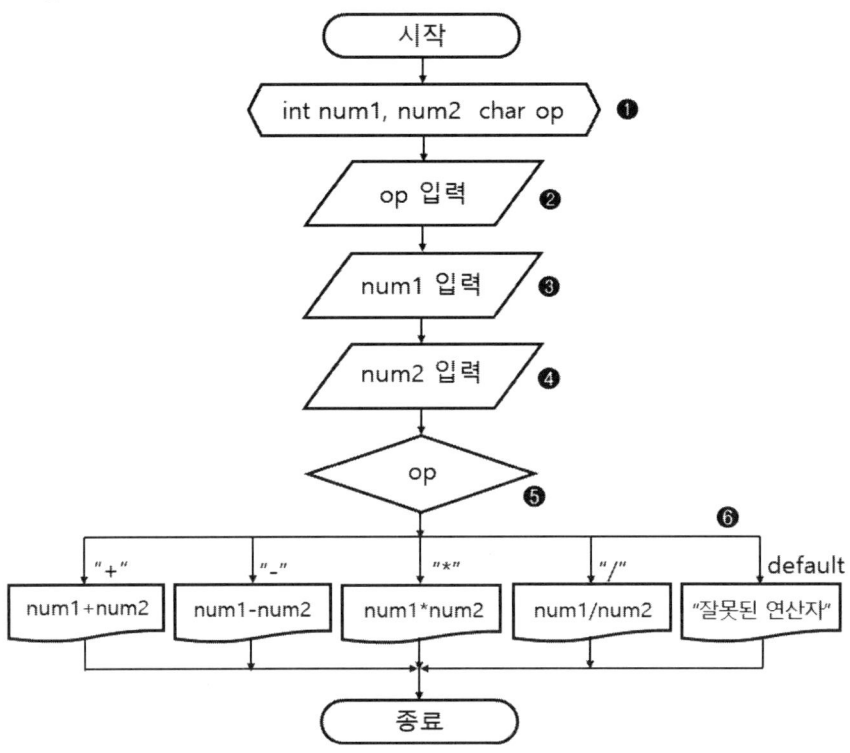

[순서도]
❶ 정수형 변수 num1,num2를 선언하고 연산자를 저장할 변수 op를 선언한다.
❷ 연산자 op를 입력받는다.
❸ 첫 번째 정수 num1을 입력받는다.
❹ 두 번째 정수 num2를 입력받는다.
❺ 연산자 op를 판별한다.
❻ "+"이면 num1+num2를 출력한다.
　"-"이면 num1+num2를 출력한다.
　"*"이면 num1+num2를 출력한다.
　"/"이면 num1+num2를 출력한다.
　그외의 값이면 "잘못된 연산자."를 출력한다.

예제 3-12.c

```c
1    #include <stdio.h>
2    int main()
3    {
4      int num1, num2;
5      char op;
6      printf("계산할 연산자를 입력하세요(+, - , * , /) : ");
7      scanf_s("%c", &op, sizeof(op));
8    
9      printf("첫 번째 수를 입력하세요._");
10     scanf_s("%d", &num1);
11   
12     printf("두 번째 수를 입력하세요_.");
13     scanf_s("%d", &num2);
14   
15     switch (op) {
16     case '+' : printf("%d%c%d=%d\n", num1, op, num2, num1 + num2); break;
17     case '-' : printf("%d%c%d=%d\n", num1, op, num2, num1 - num2); break;
18     case '*' : printf("%d%c%d=%d\n", num1, op, num2, num1*num2); break;
19     case '/' : printf("%d%c%d=%f\n", num1, op, num2, (float)num1 / num2); break;
20     default  : printf("잘못된 연산자입니다.");
21     };
22     return 0;
23   }
```

[실행결과]

```
계산할 연산자를 입력하세요(+, - , * , /) : +
첫 번째 수를 입력하세요._8
두 번째 수를 입력하세요._4
8+4=12
```

> **알아보기**
>
> scanf_s()함수를 사용해서 문자 또는 문자열을 입력받기 위해서는 세 개의 인자가 필요하다. 세 번째 인자는 변수의 크기를 지정한다.
> 예.
> char x;
> scanf_s("%c", &x, sizeof(x)); 또는 scanf_s("%c", &x, 1);

연습문제

1. 입력받은 정수가 5의 배수인지를 판별하여 출력하는 다음 순서도에서 밑줄 그은 부분을 작성하시오.

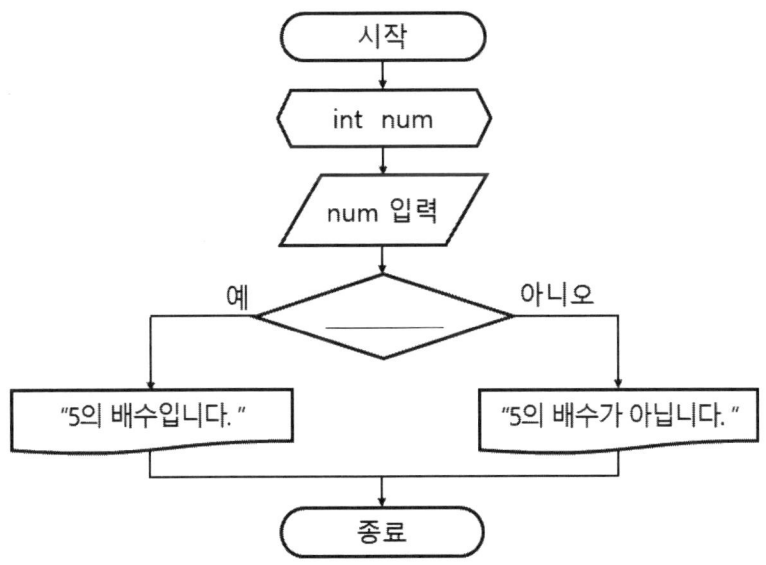

2. 두 개의 정수를 입력받고 큰 수에서 작은 수로 나눈 몫과 나머지를 구하는 순서도에서 (1), (2), (3)을 완성하시오.

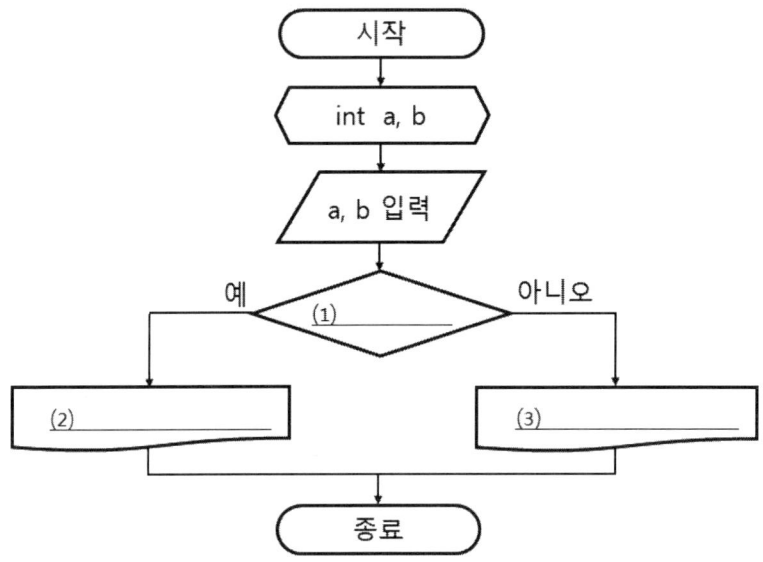

3. 세 개의 정수를 입력받고 가장 큰 수를 출력하는 순서도를 작성하시오.

4. 영어, 수학 과목의 점수를 입력받아 총합이 160점 이상이면 '합격입니다.' 그렇지 못하면 '불합격입니다' 란 메시지를 출력하는 순서도와 C프로그램을 작성하시오.

5. 버스요금이 다음과 같을 때 입력받은 나이에 따라 유형과 버스 요금을 출력하는 순서도와 C프로그램을 작성하시오.

유형	나이	요금
어린이	6세 ~ 13세미만	450원
청소년	13세이상 ~ 19세미만	1000원
일반	19세이상	1300원

6. 정수기 렌탈 요금을 계산하는 순서도와 프로그램을 작성하세요. 대여 기간에 따른 렌탈 요금은 다음과 같다. 대여기간은 개월수로 입력받고 월 렌탈 요금을 출력하시오.

기간	월 렌탈 요금
1년 미만	25000원
1년 이상 ~ 2년 미만	23000원
2년 이상 ~ 3년 미만	20000원
3년 이상 ~ 5년 미만	16000원
5년 이상	12000원

Chapter 04

반복구조

4.1 for 구조
4.2 while 구조
4.3 do while 구조
4.4 break와 continue
4.5 중첩 반복구조
4.6 반복구조의 다양한 예제들

Chapter 04
반복구조

반복구조는 어느 부분에서 동일한 작업을 여러 번 반복 실행해야 하는 경우에 사용한다. 예를 들어 다음은 한 줄에 별표(*)를 10개 출력하는 printf()문을 5번 반복 실행하는 프로그램 코드이다. 이렇게 반복적인 작업은 반복 구조를 사용하는 것이 좋다.

```
printf("**********\n");
printf("**********\n");
printf("**********\n");
printf("**********\n");
printf("**********\n");
```

반복구조는 for 구조, while 구조, do while 구조가 있다.

4.1 for 구조

정해진 횟수만큼 작업을 수행하도록 하는데 활용성이 아주 많은 반복구조이다. 초기값, 최종값, 증감값의 세 가지 부분으로 표현하는데 초기값은 정해진 횟수를 시작하면서 변수에 최초의 값을 할당하는 식으로 표현한다. 두 번째 최종값은 초기값으로 할당된 변수의 값이 증감되면서 반복할 조건에 맞는지 판단할 값이다. 세 번째 증감값은 초기값을 할당한 변수의 값을 증가시키거나 감소시킬 값을 작성한다. 예를 들어, 다음은 변수 i에 초기값을 1로 대입하고 최종값 10이 될 때까지 1씩 증가하면서 실행문을 반복하라는 의미이다. 실행문은 10번 반복하게 된다.

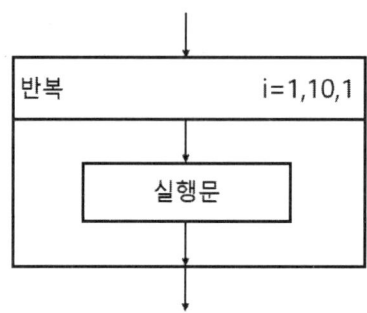

for 반복구조의 C프로그램 구문은 다음과 같다.

구문

```
for(초기식; 조건식; 증감식)
   실행문;
```

예를 들어, 1부터 10까지의 정수를 출력한다면 초기값 1, 최종값 10, 증감값을 1로 하는 반복구조로 작성한다.

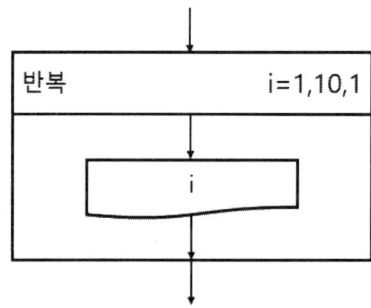

C프로그램의 for 구문으로 작성하면 다음과 같다.

```
for(i = 1; i <= 10; i++)
   printf("%d\n");
```

4.2 while 구조

조건을 만족하는 동안 반복적으로 실행문을 수행하는 구조이다. 조건을 판별하면서 반복 작업을 수행하다가 조건식의 결과가 거짓이 되면 반복 작업을 중단한다. while 구조는 반복하는 횟수가 정해진 경우에서도 사용하지만 반복 횟수를 알 수 없는 경우에도 많이 사용한다.

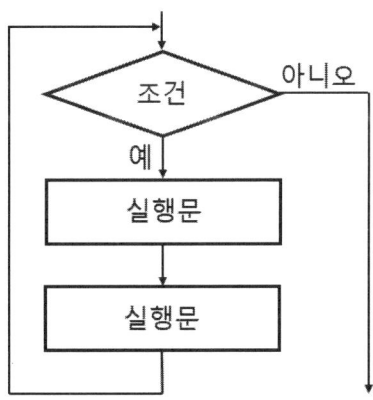

다음은 while구조의 C프로그램 구문이다.

구문

```
while (조건식)
{
    실행문
    실행문
}
```

다음은 while 구조로 1부터 10까지의 정수를 출력하는 순서도와 C프로그램의 예이다.

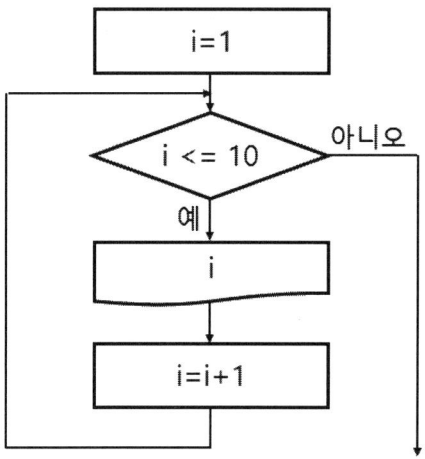

```
i = 1;
while (i <= 10)
{
   printf("%d\n", i);
   i = i + 1;
}
```

4.3 do while 구조

do while구조는 while구조와 유사하지만 반복여부를 판단하는 조건 검사를 마지막에 하는 것이 while구조와 다른 점이다.

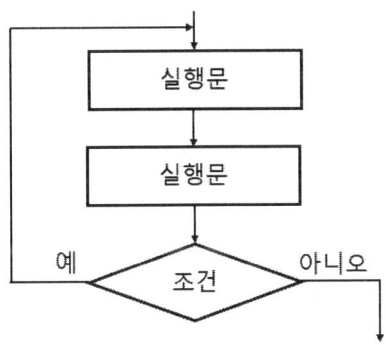

다음은 do while구조의 C프로그램 구문이다.

구문

```
do
{
    실행문
    실행문
} while (조건식);
```

다음은 do while 구조로 1부터 10까지 반복적으로 정수를 출력하는 순서도와 C프로그램이다.

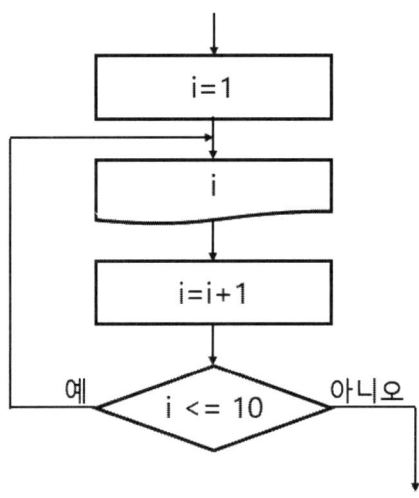

```
i = 1;
do
{
   printf("%d\n", i);
   i = i + 1;
} while (i <= 10);
```

4.4 중첩 반복구조

반복구조 안에 또 다른 반복구조가 포함되는 것을 중첩 반복구조라고 한다. 다음 중첩 반복구조는 안쪽 반복구조가 출력문을 5번 반복하는데 바깥쪽 반복구조는 이 안쪽 반복구조를 3번 반복한다.

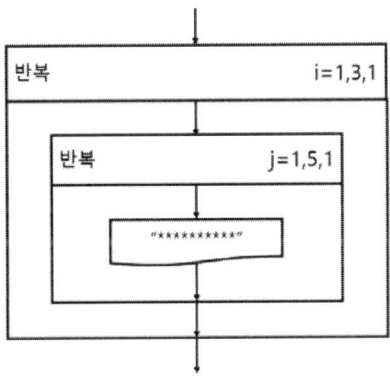

C프로그램으로 작성하면 다음과 같다.

```
i = 1;
int i, j ;
for( i = 1; i <= 3; i++)
   for( j =1; j <= 5; j++)
      printf("*********\n");
```

안쪽 for문의 j 변수가 1,2,3,4,5 로 값이 증가하면서 printf("*********\n");를 5번 반복하는데 이와 같은 작업을 바깥 for문에서 i 변수가 1,2,3의 값으로 증가하면서 3번 반복하기 때문에 결국 printf("*********\n"); 실행문은 15번 실행한다.

[중첩for문 변수 i, j 값에 따른 실행문]

i	j	실행문
1	1,2,3,4,5	printf("*********\n");//5번실행
2	1,2,3,4,5	printf("*********\n");//5번실행
3	1,2,3,4,5	printf("*********\n");//5번실행

```
for( i = 1; i <= 3; i++)    i값은 1,2,3 증가하며 3회반복
   for( j =1; j <= 5; j++)  j값은 1,2,3,4,5 증가하며 5회반복
      printf("*********\n"); i값이 증가할때마다
                              j값은 다시 초기값 1부터시작
```

4.5 break와 continue

❶ break

반복구조에서 break는 현재 반복하고 있는 실행문을 종료하고 반복구조를 빠져나오기 위하여 사용한다. 다음은 입력받은 num의 값이 음수이면 break를 사용하여 반복구조를 빠져나가게 하는 순서도와 C프로그램 예제이다.

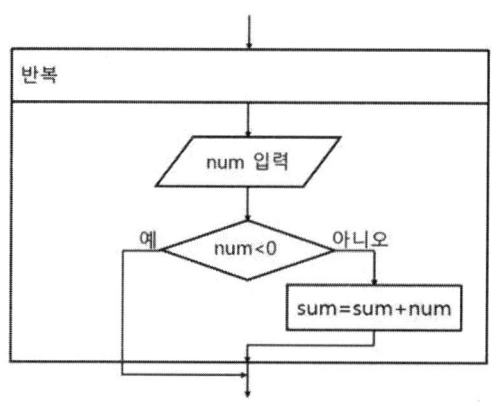

```
while(1)
{
 printf("숫자를 입력하세요.");
 scanf_s("%d", &num);
 if ( num <0 )
    break;
 sum=sum+num;
}
```

break는 반복구조 안에서 반복을 종료할 조건이 참이 되면 반복구조를 종료하고 반복구조 밖으로 제어를 이동할 수 있기 때문에 항상 조건이 참으로 설정된 반복구조 안에서는 break를 통해 반복을 종료할 수 있어야 한다. 중첩 반복구조 안에서 사용하는 break는 현재 속해 있는 반복구조를 벗어나게 된다. 다음 예제는 중첩 for 반복구조로 두 번째 for 반복에서 j 값이 30보다 큰 수를 만나게 되면 break를 통해 현재 반복하고 있는 for 반복구조를 종료하지만 아직 바깥 for 반복구조 안에 있기 때문에 바깥 for의 반복은 계속해서 진행한다.

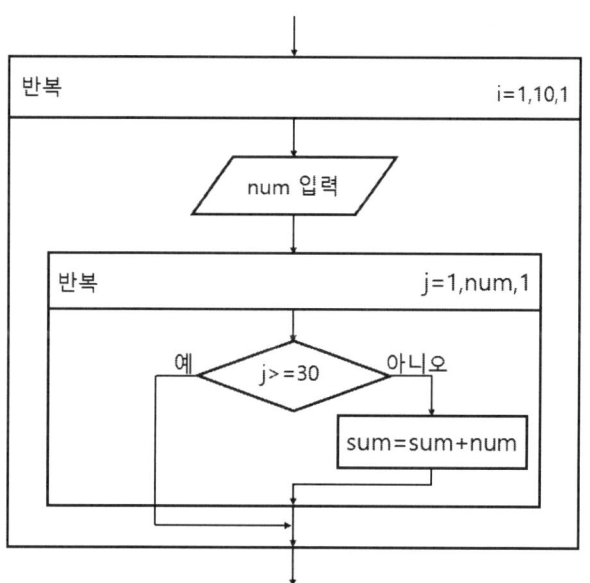

```
for( i=1; i<= 10; i++)
{
    printf("숫자를 입력하세요.");
    scanf_s("%d", &num);
    for ( j = 1 ; j <= num ; j++ )
    {
        if ( j >= 30 )
            break;
        sum=sum+num;
    }                               // break를 만나면 현재 반복구조를 벗어남
}
```

❷ continue

이번에는 반복구조 안에서 조건 판별 결과에 따라 이후 나머지 실행문을 건너뛰고 다음 반복으로 진행하는 continue의 예를 살펴보자. 다음 예제는 for 반복구조를 사용하여 1부터 100까지의 숫자를 출력하는 순서도와 프로그램이다.

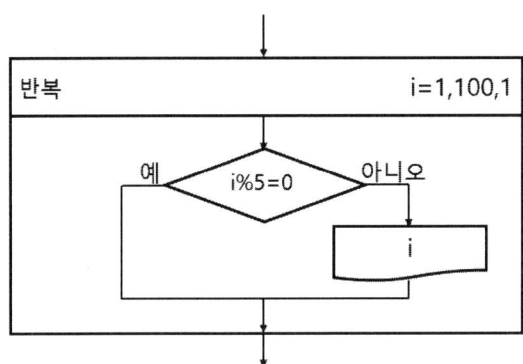

조건 판별에서 나머지가 0이면 즉, 5의 배수이면 반복구조안의 모든 실행문을 건너뛰고 다음 반복으로 넘어간다. 결과적으로 변수 i의 값이 1부터 4까지는 출력문이 실행되어 값을 출력한다. 하지만 5의 경우 조건식에 의해 5의 배수가 참이므로 이후의 모든 실행은 하지 않고 그 다음 반복으로 넘어가기 때문에 변수 i의 값은 6으로 증가한다. 이처럼 1부터 100까지 변수 i의 값이 5의 배수가 될 때마다 출력문은 실행되지 않고 다음 반복으로 제어가 옮겨지기 때문에 5의 배수들은 출력하지 않는다. 이렇게 조건 판별 후 나머지를 실행하지 않도록 하는 것이 continue 제어이다. continue 이후의 모든 실행문을 실행하지 않고 다음 반복값의 숫자로 건너 뛰고 계속해서 반복구조를 실행하게 된다.

continue문 이후 실행은 하지 않고 다음 반복문 실행

```
for ( i = 1 ; i <= 100 ; i++ )
{
    if ( i % 5 == 0 )
        continue;
    printf("i = %d", i );
}
```

4.6 반복구조의 예제

❶ [예제4-1] 1과 100사이 정수 중 짝수 출력하기

변수 i는 2부터 100이 될 때까지 2씩 증가하며 변수 i의 값을 출력한다.

✏️ 순서도 4-1

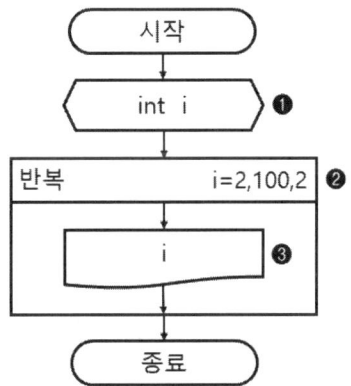

[순서도]
❶ 정수형 변수 i를 선언한다.
❷ i는 2부터 100까지 2씩 증가하며 반복한다.
❸ i를 출력한다.

예제 4-1.c

```
1   #include <stdio.h>
2   int main()
3   {
4    int i ;
5    for ( i=2; i<=100; i=i+2)
6       printf("%d ", i);
7    return 0;
8   }
```

[실행결과]

2 4 6 8 10 12 14 16 18 20 22 24 26 28 30 32 34 36 38 40 42 44 46 48 50 52 54 56 58 60 62 64 66 68 70 72 74 76 78 80 82 84 86 88 90 92 94 96 98 100

❷ [예제4-2] 1에서 10까지의 합계를 구하여 출력하기

변수 sum은 0으로 초기화시키고 변수 i는 1부터 10이 될 때까지 1씩 증가하며 변수 i의 값을 sum에 더하면서 1부터 10까지의 합계를 구하여 출력한다.

✏ 순서도 4-2

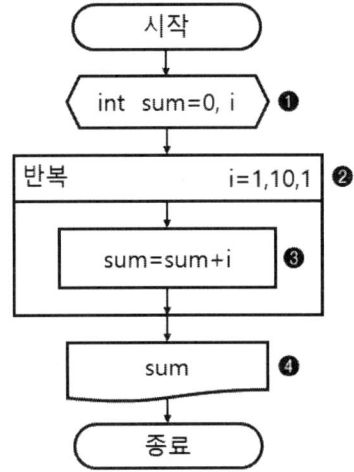

[순서도]
❶ 정수형 변수 sum을 선언하고 0으로 초기화한다. 변수 i를 선언한다.
❷ i는 1부터 10까지 1씩 증가하며 반복한다.
❸ sum=sum+i를 실행하여 i 값을 누적한 합을 구한다.
❹ sum을 출력한다.

예제 4-2.c

```
1   #include <stdio.h>
2   int main()
3   {
4     int i , sum=0;
5     for ( i = 1; i <= 10; i++)
6         sum += i;                    //1부터 10까지의 합 구하기
7     printf("1부터 10까지의 총합=%d\n", sum);
8     return 0;
9   }
```

[실행결과]

1부터 10까지의 총합=55

❸ [예제4-3] 시작값과 끝값을 입력받아 사이 값 출력하기

두개의 정수를 입력받아 두 수 사이의 값을 출력하는 예제이다.

순서도 4-3

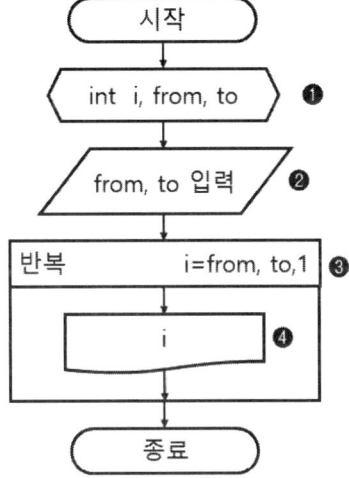

[순서도]
❶ 정수형 변수 from, to를 선언한다.
❷ from, to를 입력받는다.
❸ 변수 i는 from부터 to까지 1씩 증가하며 반복한다.
❹ i를 출력한다.

예제 4-3.c

```
1   #include <stdio.h>
2   int main()
3   {
4     int i, from, to ;
5     printf("시작과 끝값을 입력하세요.: ");
6     scanf_s("%d%d", &from, &to);
7     for (i=from; i<=to; i=i+1)
8       printf("%d ", i);
9     return 0;
10  }
```

[실행결과]

```
시작과 끝값을 입력하세요.: 5 15
5 6 7 8 9 10 11 12 13 14 15
```

❹ [예제4-4] 구구단에서 7단을 출력하기

7단에서 정수 7에 곱하는 수 1부터 9까지는 변수 i로 하고 곱한 결과는 7*i로 만들어 반복적으로 출력한다.

📝 순서도 4-4

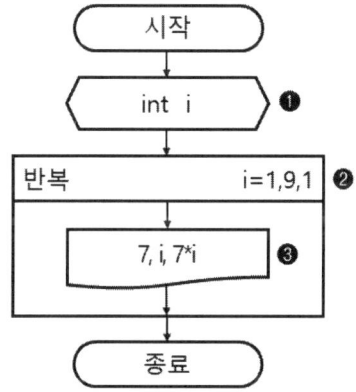

[순서도]
❶ 정수형 변수 i를 선언한다.
❷ i는 1부터 9까지 1씩 증가하며 반복한다.
❸ 7, i, 7*i를 출력한다.

예제 4-4.c

```
1   #include <stdio.h>
2   int main()
3   {
4    int i ;
5    for (int i = 1; i <= 9; i++)
6        printf("%d X %d= %d\n", 7, i, 7*i);
7    return 0;
8   }
```

[실행결과]

7 X 1= 7
7 X 2= 14
7 X 3= 21
7 X 4= 28
7 X 5= 35
7 X 6= 42
7 X 7= 49
7 X 8= 56
7 X 9= 63

❺ [예제4-5] 입력받은 수의 소수 판정하기

소수는 1과 자기 자신만을 약수로 갖는 수로 2,3,5,7,11,13,...등의 수가 소수이다. 예를 들어, 정수 n의 경우 소수를 판정하기 위해서는 1부터 n-1까지의 수로 나누어 나머지가 0이 되지 않으면 소수이다. 하지만 간단하게 판정하기 위해서는 n/2까지의 수로만 나누어봐도 된다. 예로 32의 경우 2*16인 동시에 16*2이기도 하다. 즉 2로 나누어 보는 것은 16으로 나누어 보는 것이랑 중복이 된다. 따라서 정수 n의 경우 n/2 이상의 수로 나누어 보는 것은 의미가 없다. 2가 최소의 약수가 되기 때문에 가장 큰 약수는 n/2이하가 가장 큰 약수가 될 수 있기 때문이다.

📝 순서도 4-5

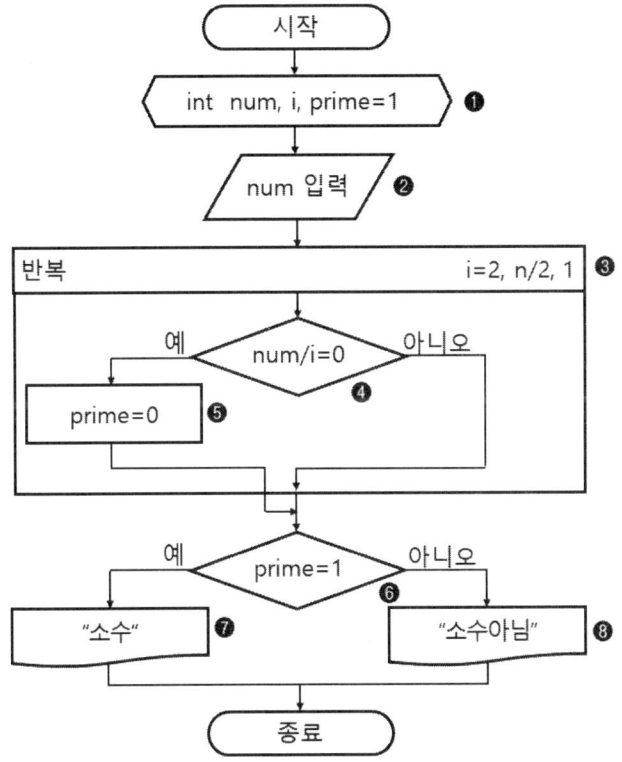

[순서도]
❶ 정수형 변수 num, i, prime를 선언하고 prime의 값을 1로 초기화한다.
❷ num의 값을 입력받는다.
❸ 변수 i는 2부터 n/2까지 1씩 증가하며 반복한다.
❹ num/i = 0인지 판별한다.
❺ num/i = 0이 참이면 num은 소수가 아님을 표시하기 위해 prime=0의 값을 저장하고 break를 통해 반복구조를 빠져나온다.
❻ prime=1인지 판별한다.
❼ prime=1이 참이면 소수 라고 출력한다.
❽ prime=1이 거짓이면 소수가 아니라고 출력한다.

예제14-5.c

```
1   #include <stdio.h>
2   int main()
3   {
4       int num, i, prime=1 ;
5       printf("정수를 입력하세요.");
6       scanf_s("%d", &num);
7
8       for (i=2; i<=n/2; i++)
9       {
10          if (num%i==0)
11          {
12              prime=0;
13              break;
14          }
15      }
16      if (prime==1)
17          printf("%d은(는) 소수입니다.\n", num);
18      else
19          printf("%d은(는) 소수가 아닙니다.\n", num);
20      return 0;
21  }
```

[실행결과]

정수를 입력하세요.7
7은(는) 소수입니다.

❻ [예제4-6] 10개의 정수 중 음수를 제외하고 합계 구하기

정수를 입력받아 양수는 합계에 포함시키고 음수는 합계에 포함시키지 않는 과정을 10번 반복하는 순서도와 프로그램을 작성해보자.

📝 순서도 4-6

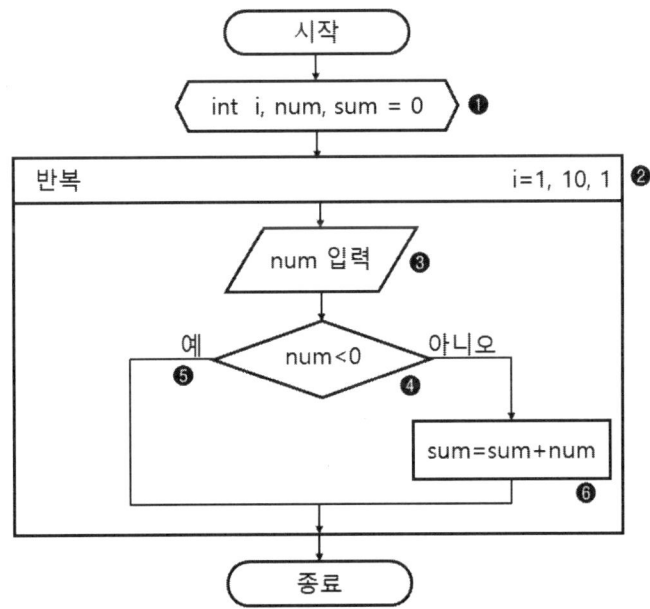

[순서도]
❶ 정수형 변수 i, num, sum을 선언하고 sum의 값을 0로 초기화한다.
❷ 변수 i는 1부터 10까지 1씩 증가하며 반복한다.
❸ num의 값을 입력받는다.
❹ num<0인지 판별한다.
❺ num<0이 참이면 continue를 통해 남은 실행문은 건너 띄고 그다음을 반복한다.
❻ num<0이 거짓이면 sum에 num을 누적하여 합을 구한다.

예제4-6.c

```c
1   #include <stdio.h>
2   int main()
3   {
4       int i, sum = 0, num;
5
6       for (i=1; i <= 10; i++)
7       {
8           printf("숫자를 입력하세요.: ");
9           scanf_s("%d", &num);
10          if (num < 0)
11              continue;
12          sum + = num;
13      }
14      printf("총 합계=%d\n", sum);
15      return 0;
16  }
```

[실행결과]

```
숫자를 입력하세요.: 5
숫자를 입력하세요.: 3
숫자를 입력하세요.: -10
숫자를 입력하세요.: 8
숫자를 입력하세요.: 7
숫자를 입력하세요.: -3
숫자를 입력하세요.: 10
숫자를 입력하세요.: 9
숫자를 입력하세요.: -25
숫자를 입력하세요.: 1
총 합계=43
```

❼ [예제4-7] 90점 이상 점수의 개수를 구하기

입력 받은 점수가 90점 이상인 개수를 구하는 순서도와 프로그램을 작성해보자. 입력 점수가 0이면 90점 이상의 개수를 출력하고 프로그램을 종료한다. 일단 무한루프로 작업을 반복하도록 하고 0의 점수를 입력받으면 무한루프를 빠져나가도록 한다. 입력된 점수가 0이 아닌 동안은 90점 이상인지 판별하고 참이면 변수 cnt에 누적하는 과정을 반복한다. 언제 0이 입력될 지 알 수 없기 때문에 반복횟수는 정해지지 않은 예제이다.

📝 순서도 4-7

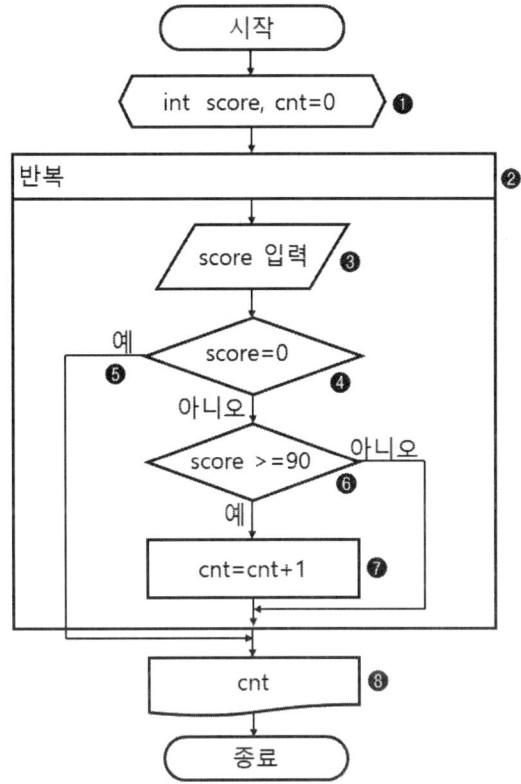

[순서도]

❶ 정수형 변수 score와 cnt를 선언하고 0으로 초기화한다.
❷ 무한루프로 반복한다.
❸ score를 입력받는다.
❹ score=0인지 판별한다.
❺ score=0이 참이면 break를 통해 무한루프를 빠져나온다.
❻ score=0이 거짓이면 sore>=90인지 판별한다.
❼ sore>=90이 참이면 cnt에 1을 누적한다.
❽ cnt를 출력한다.

순서도의 무한루프 반복구조를 C프로그램에서 while문으로 작성한다. while의 조건은 참의 값인 1을 작성하여 무한루프로 반복하도록 한다. while안에서 입력받은 점수가 0이면 break문으로 무한루프를 빠져나온다.

예제 4-7.c

```
1   #include <stdio.h>
2   int main()
3   {
4       int score=0, cnt=0;
5
6       while(1)
7       {
8           printf("점수를 입력하세요: ");
9           scanf_s("%d", &score);
10          if (score == 0)
11              break;
12          if (score >= 90)
13              cnt=cnt+1;
14      }
15      printf("90점 이상 개수=%d\n", cnt);
16      return 0;
17  }
```

[실행결과]

점수를 입력하세요: 85
점수를 입력하세요: 96
점수를 입력하세요: 100
점수를 입력하세요: 77
점수를 입력하세요: 80
점수를 입력하세요: 90
점수를 입력하세요: 0
90점 이상 개수=3

❽ [예제4-8] 입력 받은 모든 점수의 총점과 평균 구하기

점수를 입력받아 입력받은 모든 점수들의 총합과 평균을 구하는 예로 0이 입력되면 종료한다. 역시 반복횟수는 정해지지 않은 예제이다. 변수 score에 점수를 입력받고 총합을 저장할 변수 sum에 score를 더하는 과정을 반복한다. 변수 score에 입력 받은 점수가 0이면 반복을 중단하고 총점과 평균을 출력한다.

✏️ 순서도 4-8

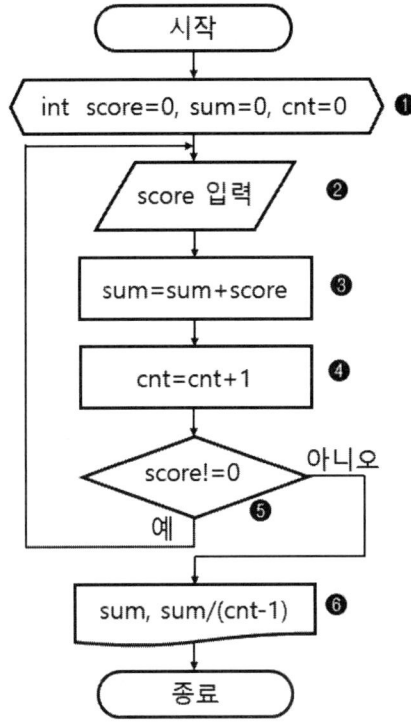

[순서도]
❶ 정수형 변수 sum, num, cnt를 선언하고 0로 초기화한다.
❷ score의 값을 입력받는다.
❸ sum에 score를 누적하여 합을 구한다.
❹ cnt=cnt+1를 실행한다.
❺ scorei=0인지 판별한다.
❻ scorei=0이 참이면 반복을 중단하고 합계 sum, 평균 sum/(cnt-1)를 출력 한다. scorei=0이 거짓이면 ❷ 과정으로 다시 반복한다.

예제 4-8.c

```
1   #include <stdio.h>
2   int main()
3   {
4       int score=0, sum=0, cnt=0;
5       do  // 0이 아닌 점수가 입력되는 동안 반복
6       {
7           printf("점수입력=>");
8           scanf_s("%d", &score);
9           sum=sum+score;
10          cnt=cnt+1;
11      } while (score != 0);
12      printf("총점=%d   평균=%f\n", sum, (float)sum/(cnt-1));
13      return 0;
14  }
```

[실행결과]

```
점수입력=>98
점수입력=>86
점수입력=>100
점수입력=>75
점수입력=>90
점수입력=>0
총점=449    평균=89.800000
```

C언어에서 정수와 실수의 계산 결과는 더 큰 자료형인 실수가 되기 때문에 정수형 변수 sum을 실수형으로 형 변환하도록 (float)를 작성하였다. 평균 계산식에서 명시적 형변환을 하면 평균 계산식 결과값은 실수형이 되기 때문에 평균에 소수점이 포함될 수 있다. 따라서 평균은 소수점을 포함하기 때문에 형식지정자는 %f로 작성하였다.

❾ [예제4-9] 각 단이 아래로 연속 표시되는 구구단 출력하기

구구단의 각 단을 아래로 연속해서 출력하는 예제이다. 단에 출력할 변수 i 는 2부터 9까지 1씩 증가 하고 각 단의 수를 곱하는 변수 j는 1부터 9까지 1씩 증가하면서 구구단의 결과는 i*j로 출력한다.

순서도 4-9

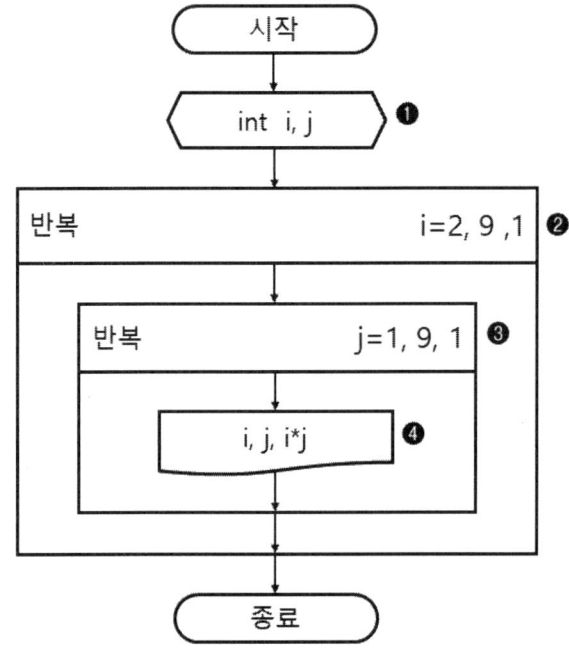

[순서도]
❶ 정수형 변수 i, j를 선언한다.
❷ 단을 출력할 변수 i는 2부터 9까지 1씩 증가하며 반복한다.
❸ 각 단의 수를 곱하는 변수 j는 1부터 9까지 1씩 증가하며 반복한다.
❹ 구구단의 결과는 i, j, i*j 로 출력한다.

예제 4-9.c

```c
1   #include <stdio.h>
2   int main()
3   {
4     int i, j ;
5     for ( i = 2; i <= 9 ; i++)
6       for ( j = 1; j <= 9 ; j++)
7         printf("%2d X %2d = %2d\n", i, j, i*j );
8     return 0;
9   }
```

[실행결과]

```
 2 X  1 =   2
 2 X  2 =   4
 2 X  3 =   6
 2 X  4 =   8
 2 X  5 =  10
 2 X  6 =  12
 2 X  7 =  14
 2 X  8 =  16
 2 X  9 =  18
(중간 생략)
 9 X  1 =   9
 9 X  2 =  18
 9 X  3 =  27
 9 X  4 =  36
 9 X  5 =  40
 9 X  6 =  54
 9 X  7 =  63
 9 X  8 =  72
 9 X  9 =  81
```

⑩ [예제4-10] 모든 단이 같은 행에 표시되는 구구단 출력하기

구구단의 각 단을 같은 행에 다음과 같이 연속해서 출력한다. 각 단을 표시할 변수 j는 2부터 9까지 1씩 증가하도록 하고 안쪽 for의 변수가 된다. 각 단의 수를 곱하는 변수 i는 1부터 9까지 1씩 증가하도록 하고 바깥쪽 for의 변수가 된다. 구구단의 결과는 j*i로 출력한다.

2 X 1 = 2	3 X 1 = 13	4 X 1 = 4	5 X 1 = 5	6 X 1 = 10	7 X 1 = 7	8 X 1 = 8	9 X 1 = 9
2 X 2 = 4	3 X 2 = 6	4 X 2 = 8	5 X 2 = 10	6 X 2 = 12	7 X 2 = 14	8 X 2 = 16	9 X 2 = 18
2 X 3 = 6	3 X 3 = 9	4 X 3 = 12	5 X 3 = 15	6 X 3 = 18	7 X 3 = 21	8 X 3 = 24	9 X 3 = 27
2 X 4 = 8	3 X 4 = 12	4 X 4 = 16	5 X 4 = 20	6 X 4 = 24	7 X 4 = 28	8 X 4 = 32	9 X 4 = 36
2 X 5 = 10	3 X 5 = 15	4 X 5 = 20	5 X 5 = 25	6 X 5 = 30	7 X 5 = 35	8 X 5 = 40	9 X 5 = 45
2 X 6 = 12	3 X 6 = 18	4 X 6 = 24	5 X 6 = 30	6 X 6 = 36	7 X 6 = 42	8 X 6 = 42	9 X 6 = 54
2 X 7 = 14	3 X 7 = 21	4 X 7 = 28	5 X 7 = 35	6 X 7 = 42	7 X 7 = 49	8 X 7 = 56	9 X 7 = 63
2 X 8 = 16	3 X 8 = 24	4 X 8 = 32	5 X 8 = 40	6 X 8 = 48	7 X 8 = 56	8 X 8 = 64	9 X 8 = 72
2 X 9 = 18	3 X 9 = 27	4 X 9 = 36	5 X 9 = 45	6 X 9 = 54	7 X 9 = 63	8 X 9 = 72	9 X 9 = 81

✏️ 순서도 4-10

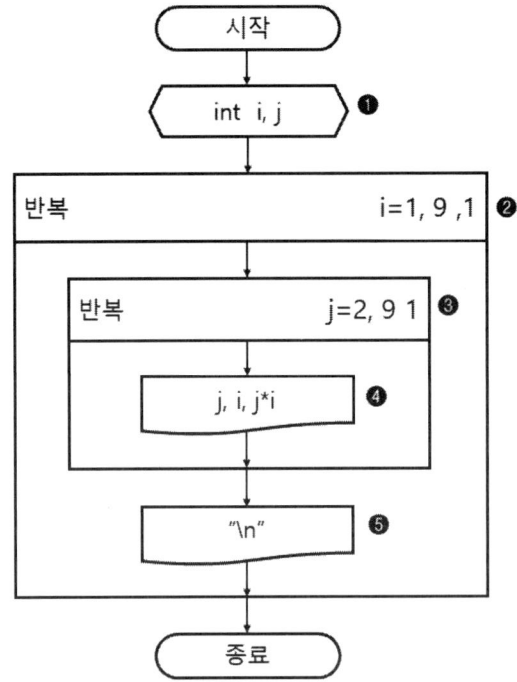

[순서도]
❶ 정수형 변수 i, j를 선언한다.
❷ 각 단의 수를 곱하는 변수 i는 1부터 9까지 1씩 증가하며 반복한다.
❸ 단을 출력할 변수 j는 2부터 9까지 1씩 증가하며 반복한다.
❹ 구구단의 결과는 j, i, j*i 로 출력한다.
❺ 줄바꿈을 한다.

예제 4-10.c

```
1    #include <stdio.h>
2    int main()
3    {
4      int i, j;
5
6      for ( i=1; i<=9; i++)
7      {
8        for ( j=2; j<=9; j++)
9          printf("%dX%d=%d\t", j , i, j*i);
10       printf("\n");
11     }
12     return 0;
13   }
```

[실행결과]

2 X 1 = 2	3 X 1 = 13	4 X 1 = 4	5 X 1 = 5	6 X 1 = 10	7 X 1 = 7	8 X 1 = 8	9 X 1 = 9
2 X 2 = 4	3 X 2 = 6	4 X 2 = 8	5 X 2 = 10	6 X 2 = 12	7 X 2 = 14	8 X 2 = 16	9 X 2 = 18
2 X 3 = 6	3 X 3 = 9	4 X 3 = 12	5 X 3 = 15	6 X 3 = 18	7 X 3 = 21	8 X 3 = 24	9 X 3 = 27
2 X 4 = 8	3 X 4 = 12	4 X 4 = 16	5 X 4 = 20	6 X 4 = 24	7 X 4 = 28	8 X 4 = 32	9 X 4 = 36
2 X 5 = 10	3 X 5 = 15	4 X 5 = 20	5 X 5 = 25	6 X 5 = 30	7 X 5 = 35	8 X 5 = 40	9 X 5 = 45
2 X 6 = 12	3 X 6 = 18	4 X 6 = 24	5 X 6 = 30	6 X 6 = 36	7 X 6 = 42	8 X 6 = 42	9 X 6 = 54
2 X 7 = 14	3 X 7 = 21	4 X 7 = 28	5 X 7 = 35	6 X 7 = 42	7 X 7 = 49	8 X 7 = 56	9 X 7 = 63
2 X 8 = 16	3 X 8 = 24	4 X 8 = 32	5 X 8 = 40	6 X 8 = 48	7 X 8 = 56	8 X 8 = 64	9 X 8 = 72
2 X 9 = 18	3 X 9 = 27	4 X 9 = 36	5 X 9 = 45	6 X 9 = 54	7 X 9 = 63	8 X 9 = 72	9 X 9 = 81

❶ [예제4-11] 직각 삼각형모양으로 별표(*) 출력하기

별표로 다음과 같이 직각 삼각형 모양이 되도록 출력해보자.

첫줄은 별표 *가 한개, 두 번째 행은 별표가 두 개, 세 번째 행은 별표가 세 개 등 행이 바뀌면서 별표가 하나씩 증가하며 10행을 반복한다. 따라서 바깥쪽 for의 변수 i를 1부터 10까지 1씩 증가하면서 반복하고 안쪽 for의 변수 j가 1부터 i 번까지 1씩 반복하도록 하면 된다.

✏️ 순서도 4-11

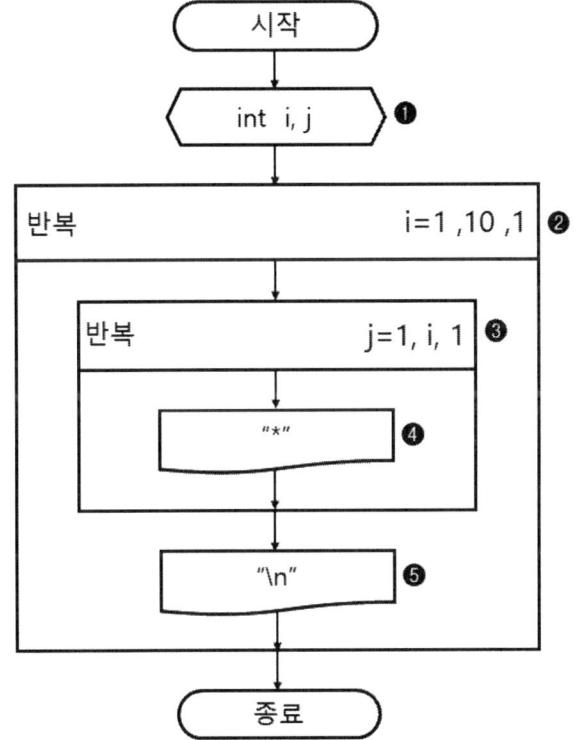

[순서도]
❶ 정수형 변수 i, j를 선언한다.
❷ i는 1부터 10까지 1씩 증가하며 반복한다.
❸ j는 1부터 i까지 1씩 증가하며 반복한다.
❹ 별표("*")를 출력한다.
❺ 줄바꿈을 한다.

예제 4-11.c

```
1    #include <stdio.h>
2    int main()
3    {
4      int i, j ;
5      for ( i = 1; i <= 9 ; i++)
6      {
7        for ( j = 1; j <= i ; j++)
8          printf("*");
9        printf("\n");
10     }
11     return 0;
12   }
```

[실행결과]

```
*
**
***
****
*****
******
*******
********
*********
```

연습문제

1. 100부터 1까지 출력하는 순서도를 작성하시오.

2. 1부터 100까지의 수에서 5의 배수를 출력하는 순서도를 작성하시오.

3. 입력받은 수가 짝수인지 홀수인지 판별하는 작업을 반복적으로 하고 0이 입력되면 종료하는 순서도를 작성하시오.

4. 입력받은 점수 중 가장 큰 점수를 출력하는 순서도를 작성하시오. 입력 횟수는 정해지지 않고 음수가 입력되면 반복을 중단하고 가장 큰 점수를 출력하시오.

5. 다음 순서도 기호에서 출력문이 출력되는 횟수는 몇 번인가?

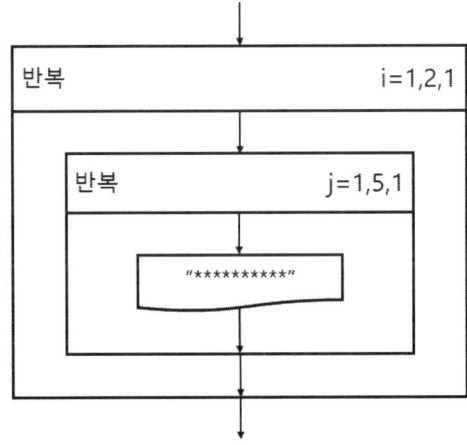

6. 다음과 같이 출력하는 순서도를 작성하시오.

   0
   01
   012
   0123
   01234
   012345
   0123456
   01234567
   012345678
   0123456789

7. 다음과 같이 출력하는 순서도를 작성하시오.
   0123456789
   012345678
   01234567
   0123456
   012345
   01234
   0123
   012
   01
   0

Chapter 05

함수

5.1 함수(Function)란?
5.2 함수 정의
5.3 매개변수(parameter)
5.4 반환값(return value)
5.5 반환타입(return type)
5.6 재귀 호출 함수(Recursive call function)
5.7 함수의 예제

Chapter 05
함수

5.1 함수(Function)란?

함수는 특정 기능을 수행하기 위한 명령어들을 묶어 놓은 것이다. 예를 들어, A1기능을 수행하고 A2기능을 수행한 다음 B를 실행하고 다시 A1기능을 수행하고 A2를 수행하는 프로그램을 생각해보자. A1과 A2 기능을 프로그램 내에서 두 번 반복되는데 이 부분을 묶어서 함수로 정의할 수 있다. 자주 사용하거나 공통의 기능을 수행하는 작업을 별도의 함수로 만들고 필요할 때마다 재사용할 수 있다.

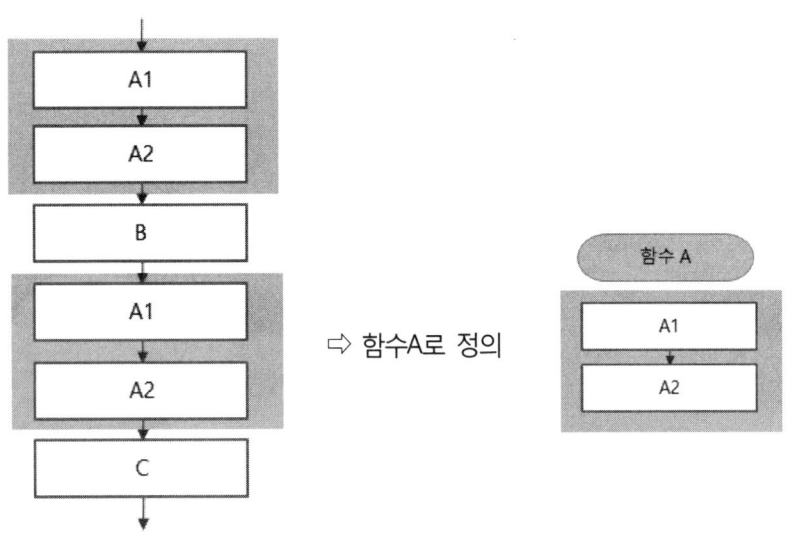

정의된 함수 안에 묶인 명령어들을 실행시키기 위해서는 함수를 호출(call)해야 한다.

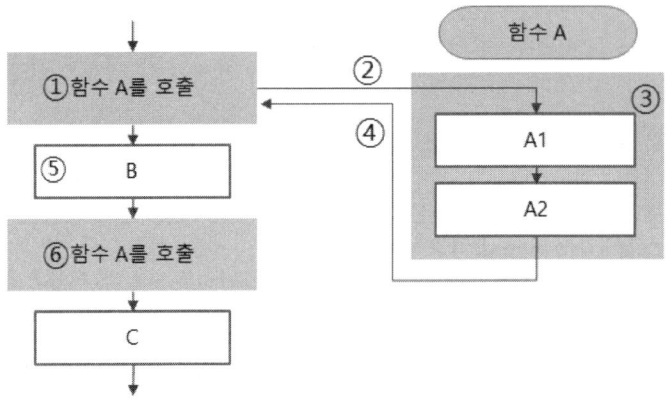

프로그램이 흐름을 따라 실행되다가 함수를 호출(call)하는 부분(①)을 만나면 프로그램의 흐름은 함수A로 넘어가게 된다. 함수A가 프로그램의 흐름을 넘겨받으면(②) 함수에 묶여있는 명령어들이 순서대로 실행되고(③) 함수안의 모든 명령어들의 실행이 완료되면 다시 함수를 호출한 곳으로 실행순서가 넘어간다(④). 프로그램은 원래의 흐름을 따라 B 구문이 계속 실행되고(⑤) 다시 함수A를 호출하면(⑥) 함수A로 프로그램의 흐름이 넘어간다. 함수의 실행이 완료되면 다시 함수를 호출한 곳으로 실행순서가 흘러가고 다음 프로그램의 흐름이 이어진다.

함수의 장점은 다음과 같다.

❶ 복잡한 코딩을 분해하여 각 기능을 간결하게 생성할 수 있다.
❷ 필요한 기능을 묶어 별도의 모듈로 생성하였기 때문에 재사용이 가능하다.
❸ 모듈별 기능을 이해하기 쉽고 관리가 용이하다.

5.2 함수 정의

함수를 사용하기 위해서는 먼저 특정 기능을 수행하는 함수를 정의하고 이 함수를 호출하면 함수에서 정의한 기능이 수행된다. 다음은 "C programming"이라는 글자를 출력하는 함수 msg()를 정의한 순서도이다.

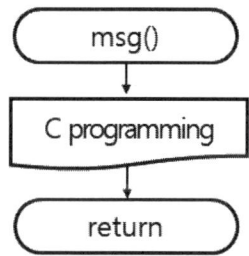

C프로그램에서 함수의 정의 구문은 다음과 같다. 함수는 main()위에 정의한다.

구문

```
[반환타입] 함수명(매개변수1, 매개변수2,...)
{
   실행문1
   실행문2
   ...
   [return 값]
}
```

다음은 msg()함수를 C프로그램으로 정의한 예이다.

```
void msg()                      ← msg() 함수 정의
{                               ← 함수 시작
   printf("C programming");     ← 함수 문장
}
```

정의된 함수를 호출하는 순서도는 다음과 같다. msg()함수를 호출하면 msg()함수가 실행을 하고 실행을 끝낸 다음에는 자신을 호출한 프로그램으로 복귀한다.

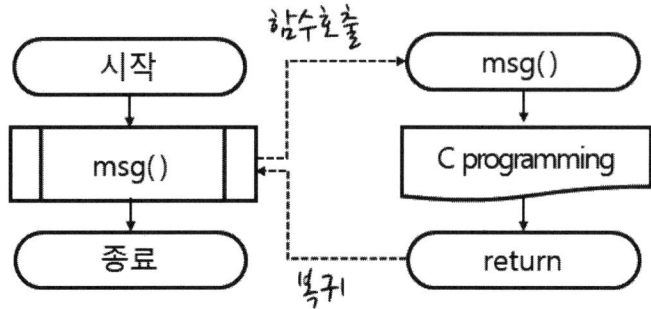

msg()함수의 정의와 호출을 C프로그램으로 작성하면 다음과 같다.

C프로그램

```
1   #include <stdio.h>
2   void msg()              ←… 함수 정의
3   {
4     printf("C programming");
5   }
6
7   int main()
8   {
9     msg();                ←… 함수호출
10    return 0;
11  }
```

[실행결과]

```
C programming
```

5.3 매개변수(parameter)

앞서서 정의한 함수 msg()는 매개변수가 없는 함수였다. 매개변수가 없기 때문에 함수명 다음의 괄호안이 비어져 있다. 함수를 정의할 때 값을 받는 변수를 매개변수(parameter)라고 하고 함수명 다음 괄호안에 매개변수를 작성한다. 여러 개의 매개변수는 콤마로 분리하며 작성한다. 함수를 호출할 때 넘겨주는 값을 인수(argument)라고 한다. 매개변수가 값을 담는 공간을 의미한다면 인수는 값 자체를 의미한다. 음식을 전달한다고 할 때 음식은 인수가 되고 매개변수는 그릇이 되는 것과 유사하다. 함수를 호출할 때 음식만 인수로 넘겨주면 받는 함수는 매개변수인 자신의 그릇에 담아 받아간다. 다음은 두 개의 매개변수를 정의하고 4와 5를 넘겨받아 덧셈을 하는 함수이다. 함수를 호출할 때 4와 5를 인수로 넘겨주면 함수 add()는 이 값을 각각 x와 y 매개변수에 받아 x+y를 구하고 출력을 한다. 함수가 종료되면 호출한 함수로 복귀한다.

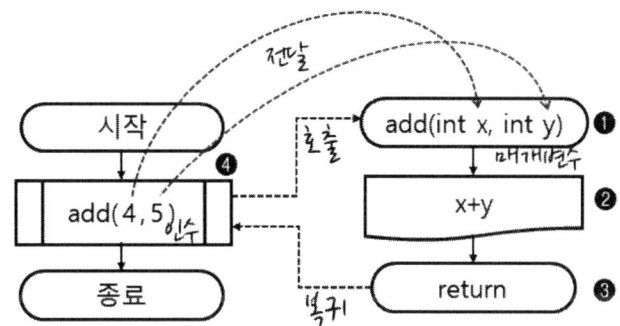

[함수 정의]
❶ 매개변수(parameter)로 x, y 두 개를 가진 함수 add를 정의한다.
❷ x와 y의 합을 출력한다.
❸ 호출한 함수로 복귀한다.

[함수 호출]
❹ 4, 5를 인수로 전달하며 함수 add( )를 호출한다.

C프로그램

```
1   #include <stdio.h>
2   void msg(int x, int y)        ◀… 매개변수
3   {
4      printf("%d", x+y );
5   }
6
7   int main()
8   {
9      add(4,5);                  ◀… 인수를 넘기며 호출
10     return 0;
11  }
```

[실행결과]

9

5.4 반환값(return value)

반환 값(return value)이란 함수가 명령을 실행하고 난 결과를 함수를 호출한 곳으로 돌려주는 값을 말한다. 반환값이 항상 있는 것은 아니지만 함수가 어떤 기능을 수행하고 그 기능에 대한 결과를 함수를 호출(call)한 곳에서 반환해야할 때, 이 반환값은 꼭 필요하다. 앞서 만들었던 함수 add()를 반환값이 있는 함수로 수정해보자. 매개변수(parameter)로 두 수를 받아 더하고 결과를 반환하는 함수로 만들어 보자. 호출과 반환과정의 흐름을 순서도로 표현하고 C프로그램으로 작성하면 다음과 같다.
함수를 호출할 때 4와 5를 인수로 넘겨주면 함수 add()는 이 값을 각각 x와 y 매개변수에 받아 x+y를 구하고 이 값을 변수 r에 대입하고 r을 반환한다. 반환값 r은

return 다음에 작성한다. 함수 add()는 r을 호출한 함수로 반환하며 복귀한다. 함수의 반환값은 add(4,5)의 결과값이 되어 이 값을 변수 sum에 대입한 다음 출력을 한다.

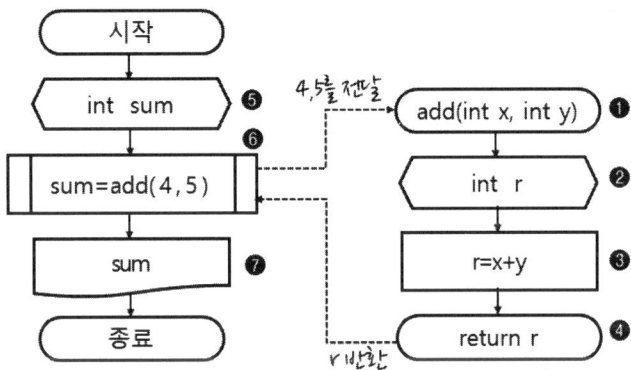

[함수 정의]
❶ 매개변수(parameter)로 x, y 두 개를 가진 함수 add를 정의한다.
❷ 정수형 변수 r을 선언한다.
❸ x와 y의 합을 r에 대입한다.
❹ 호출한 함수로 r을 반환한다.

[함수 호출]
❺ 정수형 변수 sum을 선언한다.
❻ 4, 5를 인수로 하여 함수 add(4.5)를 호출하고 호출한 함수의 반환값은 add(4,5)의 결과값이 되어 이 값을 변수 sum에 저장한다.
❼ sum을 출력한다.

C프로그램

```
1   #include <stdio.h>
2   int add(int x, int y)
3   {
4     int r;
5     r = x+y;
6     return r;              ←… 반환값
7   }
8
9   int main()
10  {
11    int sum;
12    sum=add(4,5);          ←… 함수 호출 결과 반환값을 sum에 저장
13    printf("4+5의 합은 %d입니다.\n", sum );
14    return 0;
15  }
```

[실행결과]

4+5의 합은 9입니다.

5.5 반환타입(return type)

C프로그램에서 함수의 반환타입은 반환하는 값의 자료형을 의미한다. 반환값의 자료형을 함수명 이전에 작성한다. 함수를 호출한 곳으로 return 구문 다음에 작성한 반환 값을 넘기는데 이때 반환하는 값은 함수명 앞에 정의하는 반환 타입과 일치되어야 한다.

```
         반환값의 자료형
int  add(int x, int y)
```

또한, 반환 값은 한 개만 가능하다. 다음은 반환값에 따라 반환타입을 일치시킨 예이다.

정수형 반환	실수형 반환	문자형반환

`int` func1( )
{
  int x;
  ...
  ...
  return x ;
}
정수값 반환
	`float` func2( )
	{
	  float y;
	  ...
	  ...
	  return y ;
	}
	실수값 반환
		`char` func3( )
		{
		  char z;
		  ...
		  ...
		  return z ;
		}
		문자 반환

앞서 살펴보았던 msg()함수는 반환 값이 없고 함수명인 msg()앞에 반환하는 값이 없음을 나타내도록 함수명 앞에 void를 작성하였다.

```
void msg()         ←··· msg() 함수 정의
반환값 없음 의미
{                  ←··· 함수 시작
    printf("C programming");   ←··· 함수문장
}
```

msg() 함수에서 반환값이 없기 때문에 함수의 마지막 구문에 return 구문이 없다.

5.6 재귀 호출 함수(Recursive call function)

함수는 실행 중에 여러 다른 함수를 호출할 수 있다. 또한 함수는 자기 자신도 호출할 수 있다. 이렇게 자기 자신을 다시 호출하는 것을 재귀 호출이라고 한다. 재귀 호출을 활용한 대표적인 함수는 팩토리얼 계산 프로그램이다.

팩토리얼을 구하는 함수를 factorial()로 정의한다면 5 팩토리얼(5!)을 구하는 과정은 다음과 같다. factorial(5)는 1씩 감소하면서 계속 자신을 호출하고 마지막으로 factorial(1)이 호출되어 반환값이 1 이 되면 역으로 결과값이 반환되면서 최종적으로 factorial(5)의 값이 반환된다.

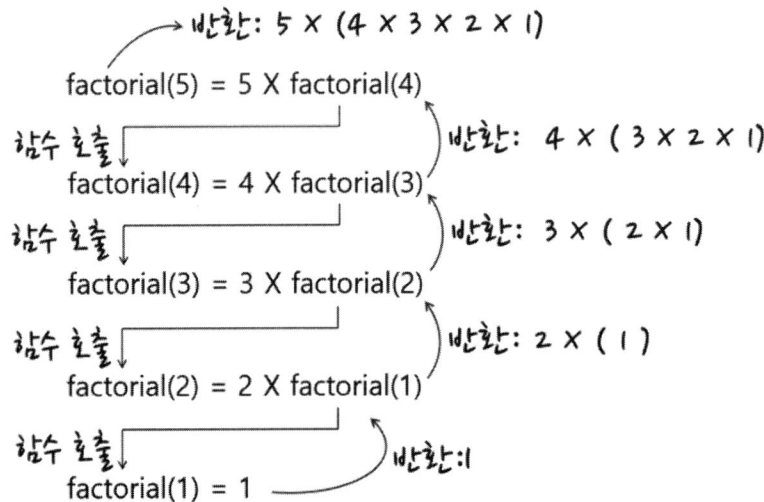

순서도

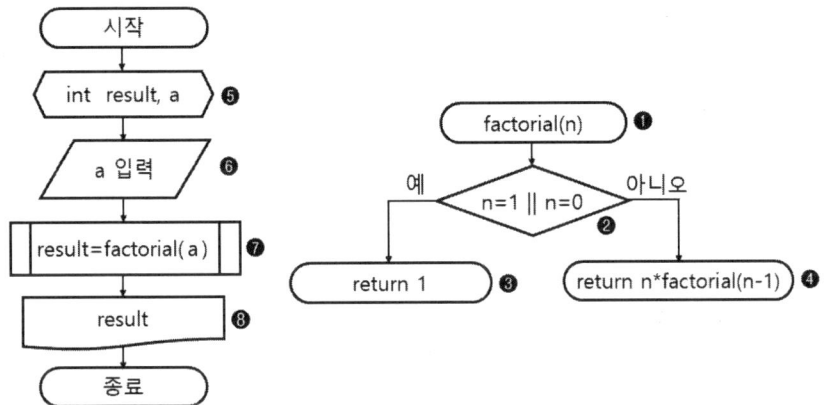

[함수 정의]
❶ n 팩토리얼을 구하는 함수 factorial을 정의한다.
❷ n=1 또는 n=0인지 판별한다.
❸ n=1 또는 n=0의 판별 결과가 참이면 1을 반환한다.
❹ n=1 또는 n=0의 판별 결과가 거짓이면 함수 factorial(n-1)을 재귀호출 한다.

[함수 호출]
❺ 정수형 변수 result와 a를 선언한다.
❻ a팩토리얼을 구할 입력값 a를 입력받는다.
❼ a를 인수로 하여 factorial(a)를 호출하고 반환값은 factorial(a)의 결과값이 되어 이 값을 변수 result에 저장한다.
❽ result를 출력한다.

C프로그램

```c
1   #include <stdio.h>
2   int factorial(int n);
3   void main()
4   {
5       int result, a;
6       printf("정수입력=> ");
7       scanf_s("%d", &a);
8       result=factorial(a);
9       printf("\n%d팩토리얼(!) = %d\n",a, result);
10  }
11
12  int factorial(int n)
13  {
14      int r;
15      if (n == 1 || n==0)
16          return 1;
17      else
18          return n*factorial(n - 1);
19  }
```

[실행결과]

정수입력=> 5

5팩토리얼(!) = 120

5.7 함수의 예제

❶ [예제5-1] 키에 따라 놀이공원 시설 이용가능 판정하기

놀이 공원에서 키 140cm이상이어야 입장 가능한 시설을 이용하는 경우 키값에 대하여 입장가능한지 판정하는 예제이다.

✏️ 순서도 5-1

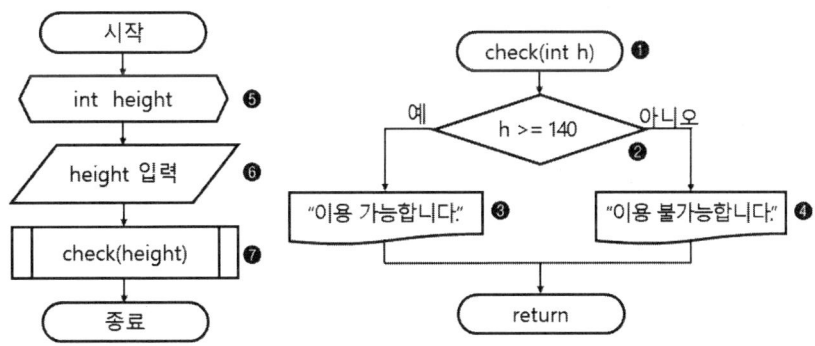

[함수 정의]
❶ 키의 값 h가 140이상인지를 판단하는 함수 check()를 정의한다.
❷ h>=140이 참인지 판별한다.
❸ h>=140이 참이면 "이용 가능합니다."를 출력한다.
❹ h>=140이 거짓이면 "이용 불가능합니다."를 출력한다.

[함수 호출]
❺ 정수형 변수 height를 선언한다.
❻ 키를 입력받은 변수 height를 입력받는다.
❼ height를 인수로 하여 check()를 호출한다.

예제 5-1.c

```
1   #include <stdio.h>
2   void check(int h)
3   {
4     if (h >= 140)
5        printf("이용 가능합니다.\n");
6     else
7        printf("이용 불가능합니다.\n");
8   }
9   int main()
10  {
11    int height;
12    printf("키를 입력하세요.");
13    scanf_s("%d",&height);
14    check(height);
15    return 0;
16  }
```

[실행결과]

키를 입력하세요.155
이용 가능합니다.

❷ [예제5-2] 1부터 n까지의 수에서 3의 배수 출력하기

1부터 입력받은 수 사이에서 3의 배수를 출력하는 예제이다. main()에서 입력받은 수를 인수로 넘기며 함수를 호출하고 함수에서 1부터 매개변수 사이의 정수 중 3의 배수를 출력한다.

✏️ 순서도 5-2

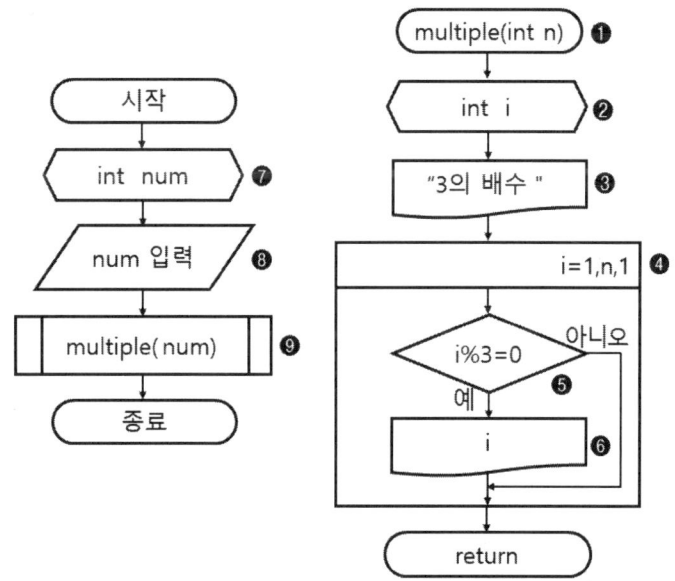

[함수 정의]
❶ 매개변수로 n의 값을 갖는 함수 multiple()을 정의한다.
❷ 정수형 변수 i를 선언한다.
❸ "3의 배수"라고 출력한다.
❹ i의 초기값을 1로 하고 1씩 증가하며 n이 될 때까지 반복한다.
❺ 3의 배수를 판별하기 위하여 i%3=0이 참인지 판별한다.
❻ i%3=0이 참이면 i 의 값을 출력한다.

[함수 호출]
❼ 정수형 변수 num을 선언한다.
❽ num의 값을 입력받는다.
❾ num을 인수로 하여 3의 배수를 구하는 함수 multiple()을 호출한다.

예제 5-2.c

```
1   #include <stdio.h>
2   void multiple(int n)
3   {
4       int i;
5       printf("3의 배수: ");
6       for(i=1; i<=n; i++)
7           if (i%3==0)
8               printf("%d ", i);
9   }
10
11  int main()
12  {
13      int num;
14      printf("정수를 입력하세요.");
15      scanf_s("%d",&num);
16      multiple(num);
17      return 0;
18  }
```

[실행결과]

정수를 입력하세요.30
3의 배수: 3 6 9 12 15 18 21 24 27 30

❸ [예제5-3] 직각 삼각형 모양의 별표 출력하기

직각삼각형 모양으로 별(*)을 출력하는 함수를 정의하고 호출하는 예제이다. 반복구조를 활용하여 별(*)을 출력하는 함수 star()를 여러 번 호출하도록 응용하였다. 각 행별로 별의 갯수를 1개 ~ 10개까지 출력하도록 하여 삼각형 모양의 별을 만드는 프로그램이다.

순서도 5-3

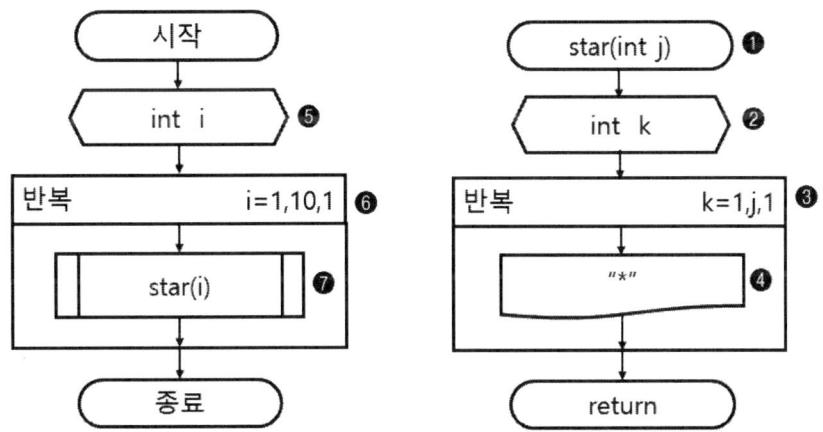

[함수 정의]
❶ 매개변수로 j개를 가진 함수 star()을 정의한다.
❷ 정수형 변수 k를 선언한다.
❸ 변수 k는 초기값 1부터 최종값 j까지 1씩 증가하며 반복한다.
❹ "*"를 출력한다.

[함수 호출]
❺ 정수형 변수 i를 선언한다.
❻ 변수 i는 초기값 1부터 최종값 10까지 1씩 증가하며 반복한다.
❼ 인수 i를 넘기며 star(i)를 호출한다.

예제 5-3.c

```
1   #include <stdio.h>
2   void star();
3   int main()
4   {
5     for (int k = 1; k <= 10; k++)
6         star(k);
7     return 0;
8   }
9   void star(int n)
10  {
11    for (int i = 1; i <= n; i++)
12        printf("*");
13    printf("\n");
14  }
```

[실행결과]

```
*
**
***
****
*****
******
*******
********
*********
**********
```

❹ [예제5-4] 직각 역삼각형 모양의 별표 출력하기

이번에는 직각 역삼각형 모양으로 별(*)을 출력하는 함수를 정의하고 호출해보자. 앞서 작성한 star() 함수를 그대로 사용하면서 각 행별로 별의 개수를 10개 ~ 1개까지 출력하도록 호출하는 인수값인 반복 변수 값을 조정하여 역 삼각형 모양의 별을 출력한다.

✏️ 순서도 5-4

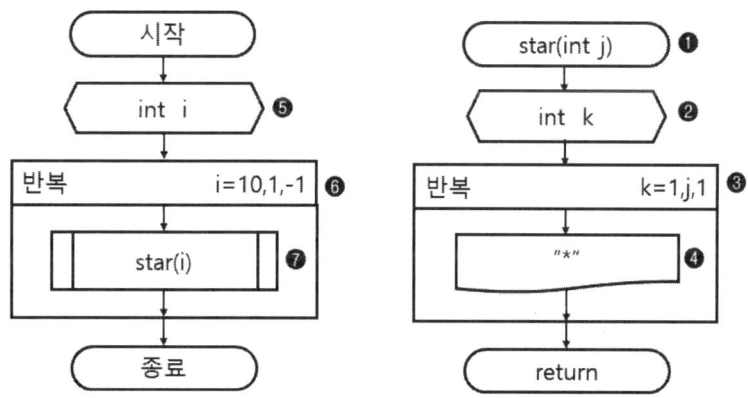

[함수 정의]
❶ 매개변수로 j개를 가진 함수 star()을 정의한다.
❷ 정수형 변수 k를 선언한다.
❸ 변수 k는 초기값 1부터 최종값 j까지 1씩 증가하며 반복한다.
❹ "*"를 출력한다.

[함수 호출]
❺ 정수형 변수 i를 선언한다.
❻ 변수 i는 초기값 10부터 최종값 1까지 1씩 감소하며 반복한다.
❼ 인수 i를 넘기며 star(i)를 호출한다.

예제 5-4.c

```c
1   #include <stdio.h>
2   void star();
3   int main()
4   {
5     for (int k = 1; k <= 10; k++)
6        star(k);
7     return 0;
8   }
9   void star(int n)
10  {
11    for (int i = 10; i >= 1; i--)
12       printf("*");
13    printf("\n");
14  }
```

[실행결과]

```
*********
********
*******
******
*****
****
***
**
*
```

❺ [예제5-5] 주어진 시작값부터 끝값까지의 합 구하기

시작값과 끝값이 주어지면 그 사이의 합을 구하는 예제이다.

📝 순서도 5-5

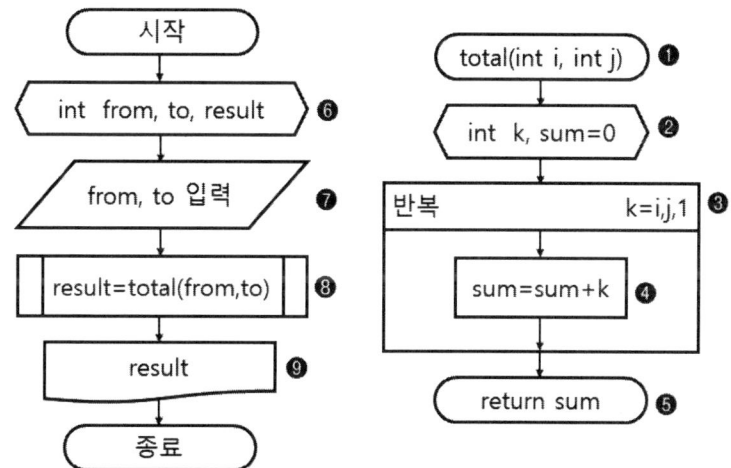

[함수 정의]
❶ 매개변수로 i, j 두 개를 가진 함수 total()을 정의한다.
❷ 정수형 변수 k와 sum을 선언하고 sum에는 0으로 초기화한다.
❸ 변수 k는 초기값 i부터 끝값 j까지 1씩 증가하며 반복한다.
❹ 변수 k의 값을 sum 에 누적하기를 반복한다.
❺ 합인 sum 을 반환한다.

[함수 호출]
❻ 정수형 변수 from와 to를 선언한다.
❼ from과 to의 값을 입력받는다.
❽ from과 to를 인수로 하여 total() 함수를 호출한다. 함수의 반환값은 result에 저장한다.
❾ result를 출력한다.

예제 5-5.c

```c
1   #include <stdio.h>
2   int total(int i. int j)
3   {
4       int k, sum=0;
5       for (int k = i; k <= j; k++)
6           sum=sum+k;
7       return sum;
8   }
9
10  int main()
11  {
12      int from, to, result;
13      printf("시작과 끝값을 입력하세요.");
14      scanf_s("%d%d", &from, &to);
15      result=total(from, to);
16      printf("%d에서 %d까지의 합은 %d입니다.", from, to, result);
17      return 0;
18  }
```

[실행결과]

시작과 끝값을 입력하세요.10 20
10에서 20까지의 합은 165입니다.

❻ [예제5-6] 구구단 출력하기

반복문을 활용하여 구구단을 작성하는 예제이다. 함수 gugudan()은 구구단 중 특정한 단만을 출력하는 함수이다. main() 함수에서는 2단~9단까지를 호출한다.

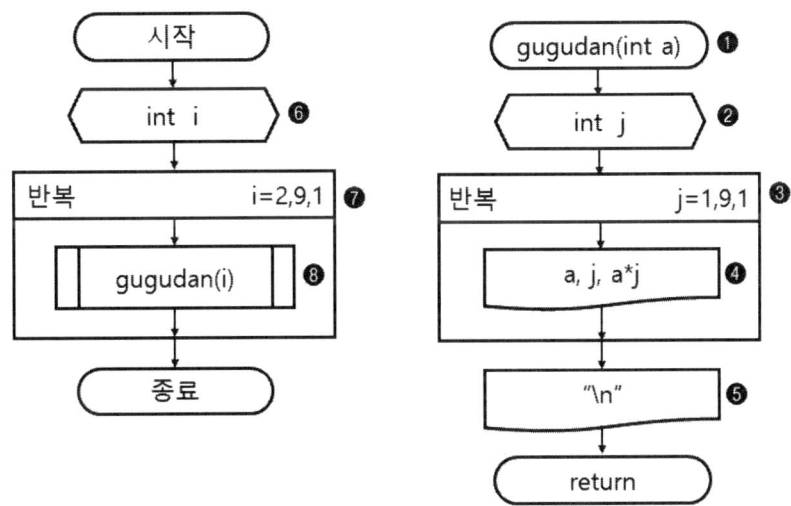

순서도 5-6

[함수 정의]
❶ 단을 매개변수로 받아 구구단을 출력하는 함수 gugudan()을 정의한다.
❷ 정수형 변수 j를 선언한다.
❸ 각 단의 수를 곱하는 변수 j는 1부터 9까지 1씩 증가하며 반복한다.
❹ 구구단의 결과는 a, j, a*j 로 출력한다.
❺ 한단을 출력한 후 줄바꿈을 한다.

[함수 호출]
❻ 단을 저장할 변수 i를 선언한다.
❼ i의 값을 2부터 9까지 1씩 증가한다.
❽ i를 인수로 하여 함수 gugudan(i)를 호출한다.

예제 5-6.c

```
1    #include <stdio.h>
2    void gugudan(int a);
3    int main()
4    {
5      int i ;
6      for ( i = 2; i <= 9 ; i++)
7          gugudan( i );
8      return 0;
9    }
10
11   void gugudan(int a)
12   {
13     int  j ;
14     for ( j = 1; j <= 9 ; j++)
15        printf("%2d X %2d = %2d\n", a, j, a*j );
16     printf("\n");
17   }
```

[실행결과]

```
2 X 1 =  2
2 X 2 =  4
2 X 3 =  6
2 X 4 =  8
2 X 5 = 10
2 X 6 = 12
2 X 7 = 14
2 X 8 = 16
2 X 9 = 18

(중간 생략)

9 X 1 =  9
9 X 2 = 18
9 X 3 = 27
9 X 4 = 36
9 X 5 = 40
9 X 6 = 54
9 X 7 = 63
9 X 8 = 72
9 X 9 = 81
```

❼ [예제5-7] 자동 판매기에서 잔돈을 계산하는 프로그램

자동판매기에서 지불금액에 대한 잔돈을 계산하는 예제이다. 물건값에 대한 지불액을 입력하면 잔돈을 계산하여 금액에 맞는 동전별 개수를 출력하는 프로그램이다. 잔돈의 동전 개수를 구할 때 가장 작은 단위인 10원짜리로 잔돈의 개수를 구한다면 잔돈을 전부 10원짜리로 지급해야하기 때문에 가장 큰 단위의 동전 개수를 먼저 구하고 난 다음, 남은 잔돈을 가지고 그 다음으로 큰 동전 단위의 동전 개수로 차근차근 내려가며 동전의 개수를 구해야 한다.

📝 순서도 5-7

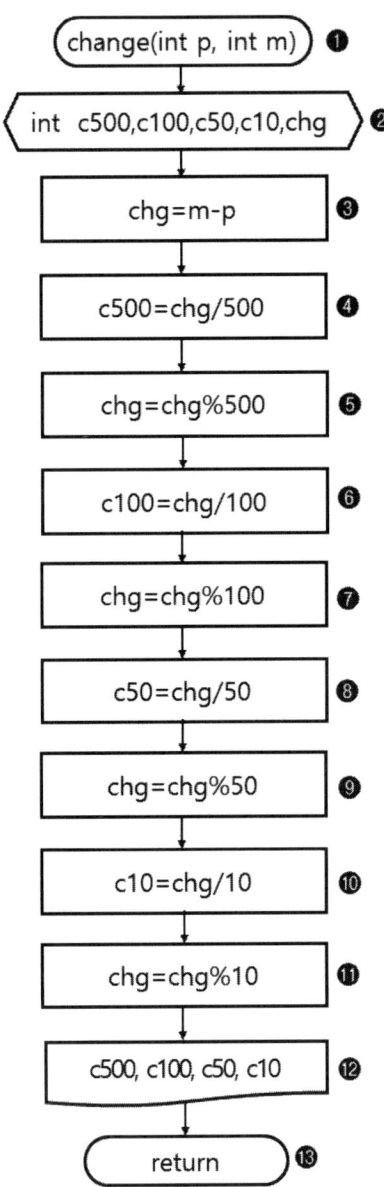

[함수 정의]

❶ 물건값 p와 지불금액 m을 매개변수로 받아 잔돈의 동전 개수를 구하는 함수 change()를 정의한다.
❷ 500원 개수, 100원 개수, 50원 개수, 10원 개수를 담을 변수 c500,c100, c50, c10과 잔돈금액을 담을 변수 chg를 선언한다. .
❸ 지불금액 m에서 물건값 p를 빼고 남은 잔돈 금액을 chg에 저장한다.
❹ 500원을 지불할 동전의 개수를 구하여 변수 c500에 저장한다.
❺ 500원을 지불하고 남은 잔돈 금액을 구하여 chg에 저장한다.
❻ 100원을 지불할 동전의 개수를 구하여 변수 c100에 저장한다.
❼ 100원을 지불하고 남은 잔돈 금액을 구하여 chg에 저장한다.
❽ 50원을 지불할 동전의 개수를 구하여 변수 c50에 저장한다.
❾ 50원을 지불하고 남은 잔돈 금액을 구하여 chg에 저장한다.
❿ 10원을 지불할 동전의 개수를 구하여 변수 c10에 저장한다.
⓫ 10원을 지불하고 남은 잔돈 금액을 구하여 chg에 저장한다.
⓬ 각 동전의 개수인 c500, c100, c50, c10을 출력한다.
⓭ 호출한 함수로 복귀한다.

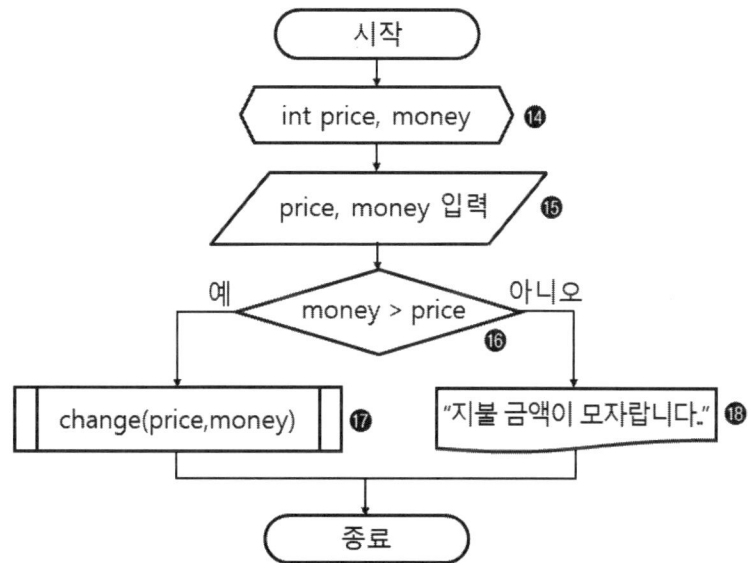

[함수 호출]
⓮ 물건값을 저장할 변수 price와 지불금액을 저장할 변수 money를 선언한다.
⓯ price와 money를 입력받는다.
⓰ 지불금액(money)이 물건값(price)보다 적은지 판별한다.
⓱ 물건값(price)이 지불금액(money) 크다면 (참이면) "지불금액이 모자랍니다."를 출력한다.
⓲ 물건값보다 지불금액이 크다면 물건값과 지불금액을 인수로 하여 잔돈을 계산하기 위한 함수 change()를 호출한다.

예제 5-7.c

```c
1    #include <stdio.h>
2    void change(int p, int m)
3    {
4       int  c500, c100, c50, c10, chg ;
5       chg=m-p;
6       c500 = chg / 500;
7       chg = chg % 500;
8       c100 = chg / 100;
9       chg=chg%100;
10      c50=chg/50;
11      chg=chg%50;
12      c10=chg/10;
13      chg=chg%10;
14      printf("거스름돈:500원동전%d개, 100원동전%d개, ",c500, c100);
15      printf("50원동전%d개, 10원동전%d개\n", c50, c10);
16   }
17   int main()
18   {
19      int price, money;
20      printf("물건값과 지불금액을 입력하세요.");
21      scanf_s("%d%d", &price, &money);
22      if ( price > money )
23         change(price, money);
24      else
25         printf("지불금액이 모자랍니다 .");
26   }
```

[실행결과]

물건값과 지불금액을 입력하세요.2350 3000
거스름돈:500원동전1개, 100원동전1개, 50원동전1개, 10원동전0개

❽ [예제5-8] 입력값의 제곱값을 구하기

다음 예제는 main() 함수에서 square() 함수를 호출하면서 입력받은 정수를 넘겨주면 square() 함수에서 제곱값을 구하여 다시 반환하는 예제이다.

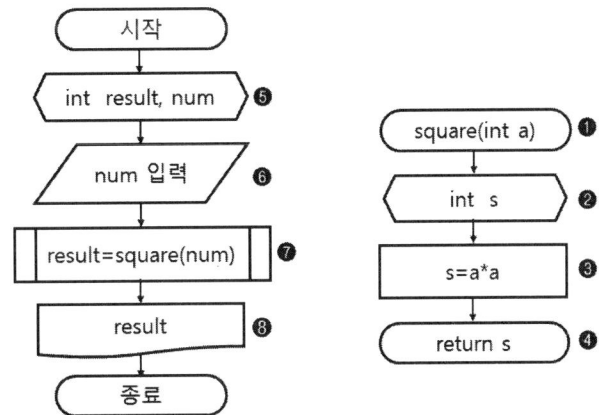

순서도 5-8

[함수 정의]
❶ 매개변수(parameter)로 a의 값을 갖는 함수 square()를 정의한다.
❷ 정수형 변수 s를 선언한다.
❸ a*a의 값을 s에 대입한다.
❹ s를 호출한 함수로 반환한다.

[함수 호출]
❺ 정수형 변수 result와 num을 선언한다.
❻ num을 인수로 하여 함수 square( )를 호출하고 호출한 함수의 반환값은
  square( )의 결과값이 되어 이 값을 변수 result에 저장한다.
❼ result를 출력한다.

예제 5-8.c

```
1    #include <stdio.h>
2    int square( int a )
3    {
4      int s;
5      s=a*a;
6      return s;
7    }
8
9    int main()
10   {
11     int num, y;
12     printf("숫자를 입력하세요.: ");
13     scanf_s("%d", &num);
14     y=square(num);
15     printf("%d의 제곱은 %d 입니다.\n", y);
16     return 0;
17   }
```

[실행결과]

숫자를 입력하세요: 5
5의 제곱은 25입니다.

❾ [예제5-9] 주문한 음료 가격 계산하기

커피 메뉴를 선택하고 몇 잔인지를 입력받아 선택한 메뉴와 잔의 수를 인수로 하여 함수 coffee()를 호출하면 coffee()에서 총 가격을 계산하여 이를 반환하는 예제이다.

커피메뉴	가격
아메리카노	3000
카페라떼	3500
카푸치노	3600
카페모카	4000

📎 순서도 5-9

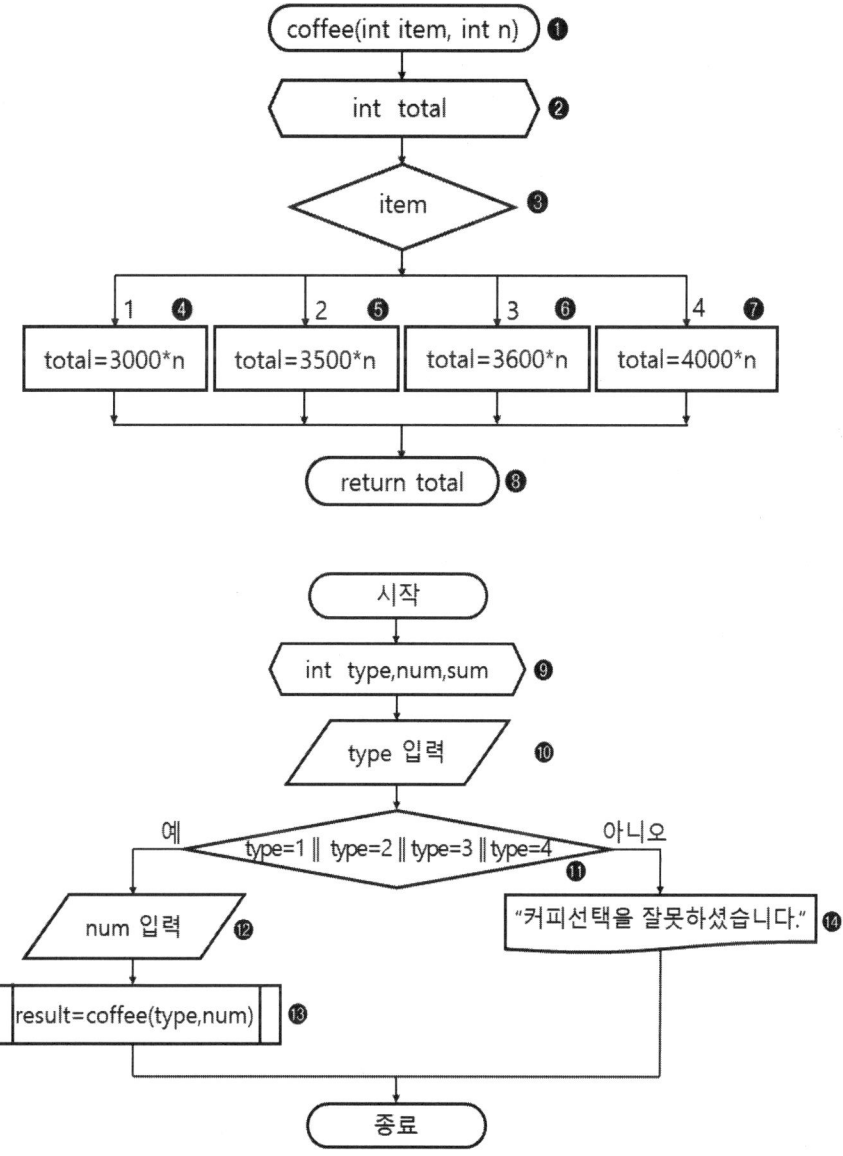

[함수 정의]
❶ 커피종류 item 과 잔의 수n이 매개변수인 함수 coffee()를 정의한다.
❷ 총가격을 저장할 정수형 변수 total을 선언한다.
❸ 커피종류인 item의 값을 판별한다.
❹ 1(아메리카노)이면 3000*n를 계산하여 total에 저장한다.
❺ 2(카페라떼)이면 3500*n를 계산하여 total에 저장한다.
❻ 3(카푸치노)이면 3600*n를 계산하여 total에 저장한다.
❼ 4(카페모카)이면 4000*n를 계산하여 total에 저장한다.
❽ total을 반환한다.

[함수 호출]
❾ 커피 종류를 저장할 정수형 변수 type, 잔의 수를 저장할 정수형 변수 num, 합계를 저장할 sum 을 선언한다.
❿ 커피 종류를 선택한 값 type을 입력받는다.
⓫ type이 1, 2, 3, 4 중 하나인지 판별한다.
⓬ type이 1, 2, 3, 4 중 하나가 참이면 잔의 수를 입력한 값 num을 입력받는다.
⓭ 총액을 계산하는 함수 coffee()를 type, num을 인수로 하여 호출한다.
⓮ type이 1, 2, 3, 4 중 하나인지가 거짓이면 "커피 선택을 잘못하셨습니다."를 출력한다.

예제 5-9.c

```c
1   #include <stdio.h>
2   int coffee(int item, int m)
3   {
4     int total;
5     switch(item)
6     {
7       case 1: total=3000*m; break;
8       case 2: total=3500*m; break;
9       case 3: total=3600*m; break;
10      case 4: total=4000*m; break;
11    }
12    return total;
13  }
14  int main()
15  {
16    int type, num, sum;
17    printf("주문할 커피를 선택하세요: \n");
18    printf("1.아메리카노(3000) 2.카페라떼(3500) 3.카푸치노(3600) 4.카페모카(4000):");
19    scanf_s("%d",&type);
20    if (type == 1 || type == 2 || type == 3 || type == 4 )
21    {
22        printf("주문수량을 입력하세요:");
23        scanf_s("%d",&num);
24        printf("주문한 커피의 총금액은 %d원 입니다.",coffee(type,num));
25    }
26    else
27        printf("커피선택을 잘못하였습니다.");
28  
29    return 0;
30  }
```

[실행결과]

주문할 커피를 선택하세요:
1.아메리카노(3000) 2.카페라떼(3500) 3.카푸치노(3600) 4.카페모카(4000):2
주문수량을 입력하세요:2
주문한 커피의 총금액은 7000원 입니다.

❿ [예제5-10] 여러 음료의 총 주문 금액 계산하기

❾번 예제에서는 음료를 한번 주문한 가격을 계산한다. 이번에는 음료를 계속해서 주문하고 종료를 선택하면 전체 음료 가격을 출력하도록 예제를 수정해보자.

✏️ 순서도 5-10

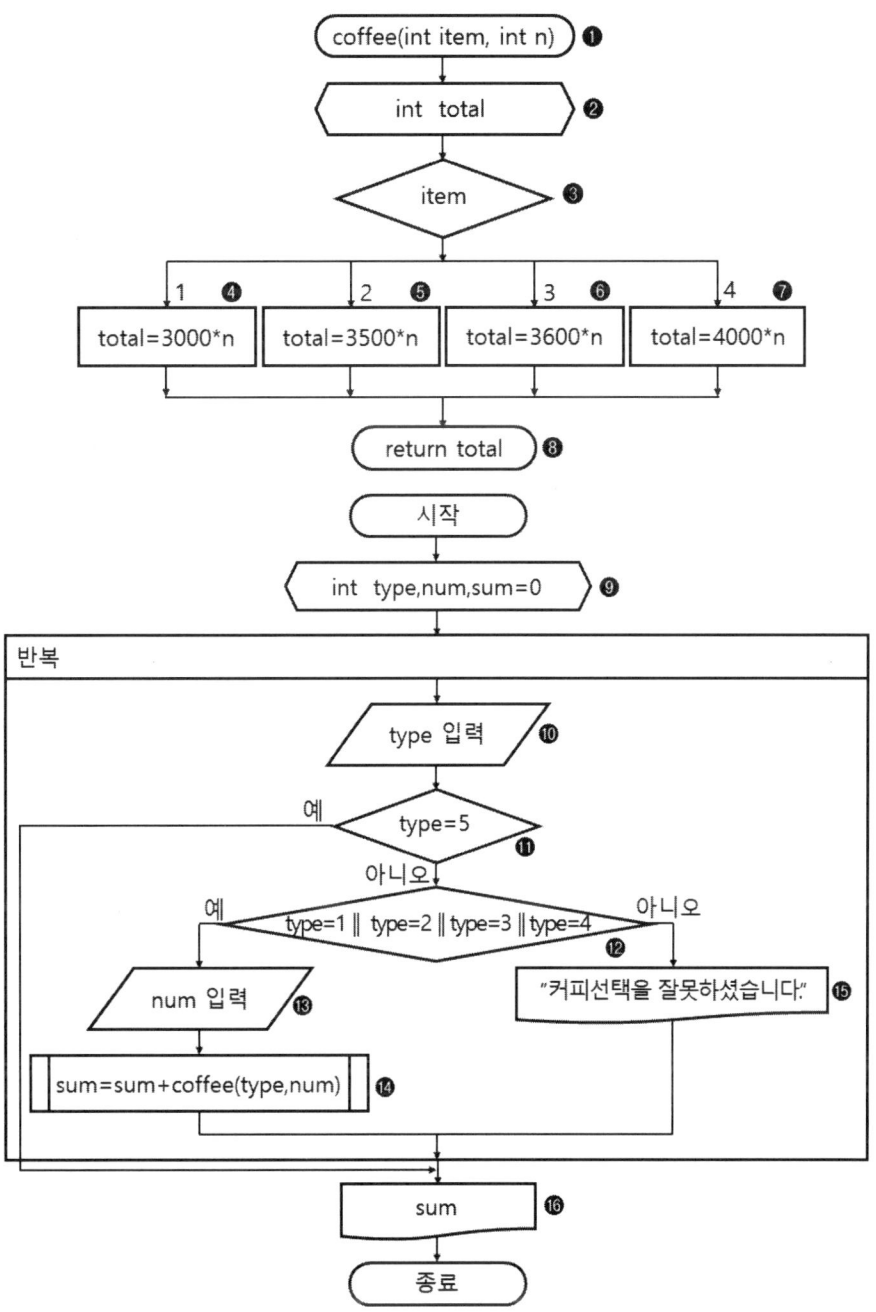

Chapter 05. 함수 · 185

[함수 정의]
❶ 커피종류 item 과 잔의 수n가 매개변수인 함수 coffee()를 정의한다.
❷ 총가격을 저장할 정수형 변수 total을 선언한다.
❸ 커피종류인 item의 값을 판별한다.
❹ 1(아메리카노)이면 3000*n를 계산하여 total에 저장한다.
❺ 2(카페라떼)이면 3500*n를 계산하여 total에 저장한다.
❻ 3(카푸치노)이면 3600*n를 계산하여 total에 저장한다.
❼ 4(카페모카)이면 4000*n를 계산하여 total에 저장한다.
❽ total을 반환한다.

[함수 호출]
⓫ type=5(종료)인지 판별한다. 참이면 반복구조를 빠져 나온다.
⓬ type=5가 거짓이면 type이 1, 2, 3, 4 중 하나인지 판별한다.
⓭ type=5가 거짓이고 type이 1, 2, 3, 4 중 하나가 참이면 잔의 수인 num을 입력받는다.
⓮ 총액을 계산하는 함수 coffee()를 type, num을 인수로 하여 호출하고 반환값을 sum에 누적한다.
⓯ type=5가 거짓이고 type이 1, 2, 3, 4 중 하나가 거짓이면 "커피 선택을 잘못하셨습니다."를 출력한다.
⓰ 총액인 sum을 출력한다.

예제 5-10.c

```c
1   #include <stdio.h>
2   int coffee(int item, int m)
3   {
4     int total;
5     switch(item)
6     {
7       case 1: total=3000*m; break;
8       case 2: total=3500*m; break;
9       case 3: total=3600*m; break;
10      case 4: total=4000*m; break;
11    }
12    return total;
13  }
14  int main()
15  {
16    int type, num, sum=0;
17    while(1)
18    {
19      printf("주문할 커피를 선택하세요: \n");
20      printf("1.아메리카노(3000원), 2.카페라떼(3500원), 3.카푸치노(3600원), 4.카페모카(4000원):");
21      printf(" 5.종료 :");
22      scanf_s("%d",&type);
23      if (type == 5)
24        break;
25      if (type == 1 || type == 2 || type == 3 || type == 4 )
26      {
27          printf("주문수량을 입력하세요:");
28          scanf_s("%d",&num);
29          sum=sum+coffee(type,num);
30      }
31      else
32          printf("커피선택을 잘못하였습니다.");
33    }
34    printf("주문한 커피의 총금액은 %d원 입니다.",sum);
35    return 0;
36  }
```

[실행결과]

```
주문할 커피를 선택하세요:
1.아메리카노(3000원), 2.카페라떼(3500원), 3.카푸치노(3600원), 4.카페모카(4000원), 5. 종료:1
주문수량을 입력하세요:2
주문할 커피를 선택하세요:
1.아메리카노(3000원), 2.카페라떼(3500원), 3.카푸치노(3600원), 4.카페모카(4000원), 5. 종료:2
주문수량을 입력하세요:3
주문할 커피를 선택하세요:
1.아메리카노(3000원), 2.카페라떼(3500원), 3.카푸치노(3600원), 4.카페모카(4000원), 5. 종료:3
주문수량을 입력하세요:1
주문할 커피를 선택하세요:
1.아메리카노(3000원), 2.카페라떼(3500원), 3.카푸치노(3600원), 4.카페모카(4000원), 5. 종료:5
주문한 커피의 총금액은 20100원 입니다.
```

⓫ [예제5-11] 점수에 따른 학점 출력하기

점수를 입력받고 점수에 대한 학점을 부여하는 프로그램이다. 입력받은 점수를 인수로 학점을 판단하는 함수 grade()를 호출하고 grade()에서 학점을 판단하여 이를 반환하는 예제이다.

✏️ 순서도 5-11

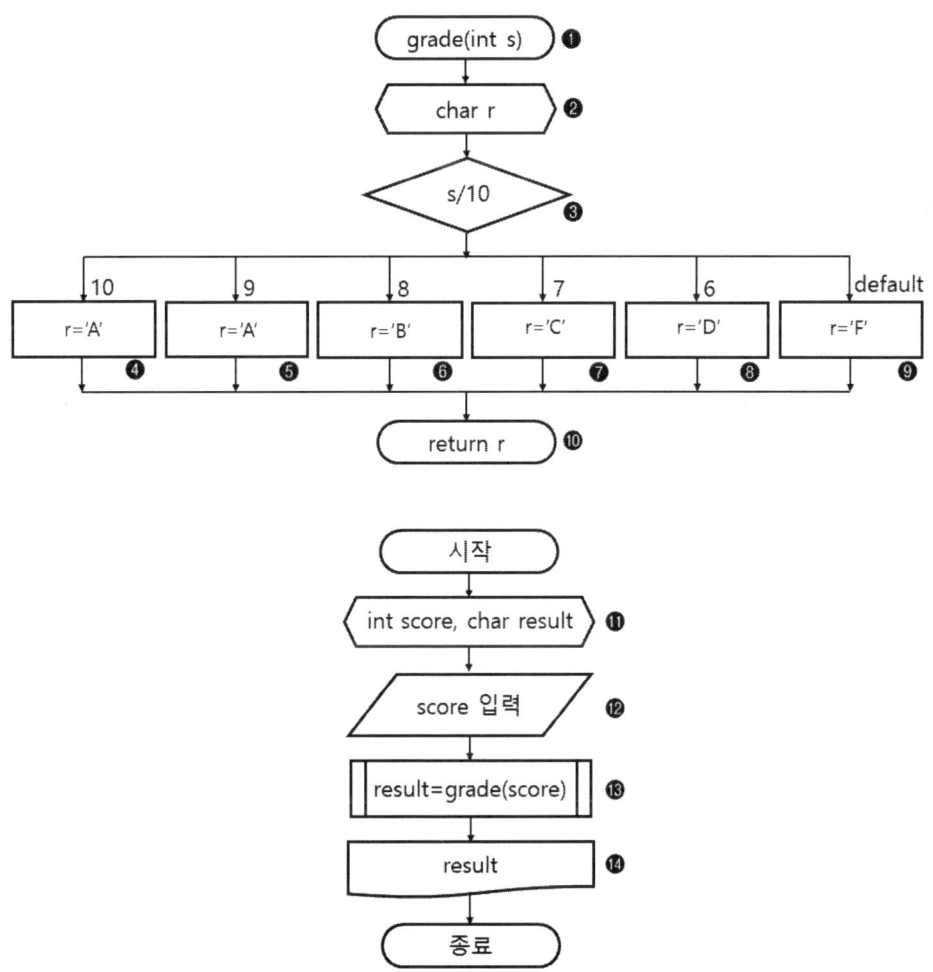

[함수 정의]
❶ 점수 s가 매개변수인 함수 grade()를 정의한다.
❷ 문자형 변수 r를 선언한다.
❸ s/10의 값을 판별한다.
❹ 10이면 r에 문자 'A'를 저장한다.
❺ 9이면 r에 문자 'A'를 저장한다.
❻ 8이면 r에 문자 'B'를 저장한다.
❼ 7이면 r에 문자 'C'를 저장한다.
❽ 6이면 r에 문자 'D'를 저장한다.
❾ 그밖의 값이면 r에 문자 'F'를 저장한다.
❿ r을 반환한다.

[함수 호출]
⓫ 정수형 변수 score, 문자형 변수 result를 선언한다.
⓬ 점수를 입력받아 변수 score에 저장한다.
⓭ 점수에 따른 학점을 부여하는 함수 grade()를 호출하며 인수로 score를 넘겨주고 함수 결과값을 result에 저장한다.
⓮ result를 출력한다.

예제 5-11.c

```
1   #include <stdio.h>
2   char grade(int s)
3   {
4       int r;
5       switch(s/10)
6       {
7         case 10: r = 'A'; break;
8         case 9: r = 'B'; break;
9         case 8: r = 'C'; break;
10        case 7: r = 'D'; break;
11        case 6: r = 'E'; break;
12        default: r = 'F'; break;
13      }
14      return r;
15  }
16  int main()
17  {
18      int score;
19      char result;
20      printf("점수를 입력하세요.");
21      scanf_s("%d",&score);
22      result = grade(score);
23      printf("%d점은 %c학점 입니다.\n.",score, result);
24      return 0;
25  }
```

[실행결과]

점수를 입력하세요.85
85점은 B학점 입니다.

⑫ [예제5-12] 소수 판별하기

정수를 입력받고 입력값 정수가 소수인지 판별하는 예제이다. 입력받은 정수를 인수로 소수를 판별하는 함수 prime()을 호출하고 함수 prime()에서 소수여부를 반환하는 예제이다.

순서도 5-12

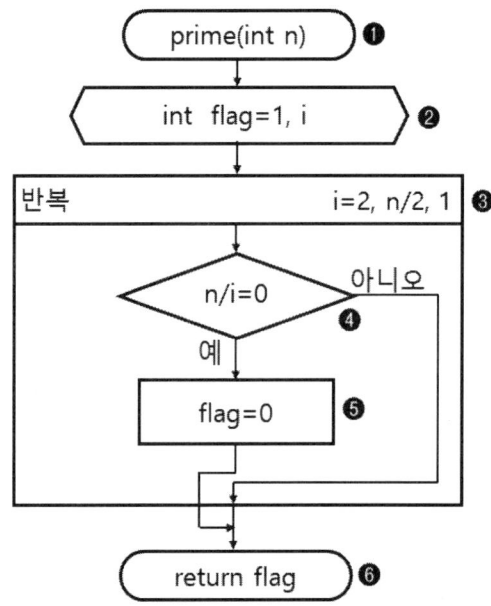

[함수 정의]
❶ 정수 n이 매개변수인 함수 prime()을 정의한다.
❷ 소수를 판단할 정수형 변수 flag를 선언하고 소수를 의미하는 1로 초기화하고 정수형 변수 i를 선언한다.
❸ 초기값을 2로 하고 1씩 증가하며 n/2가 될 때까지 반복을 한다.
❹ n/i가 0인지 판별한다.
❺ 참이면 flag에 0의 값을 저장하고 반복구조를 빠져나온다.
❻ flag를 반환한다.

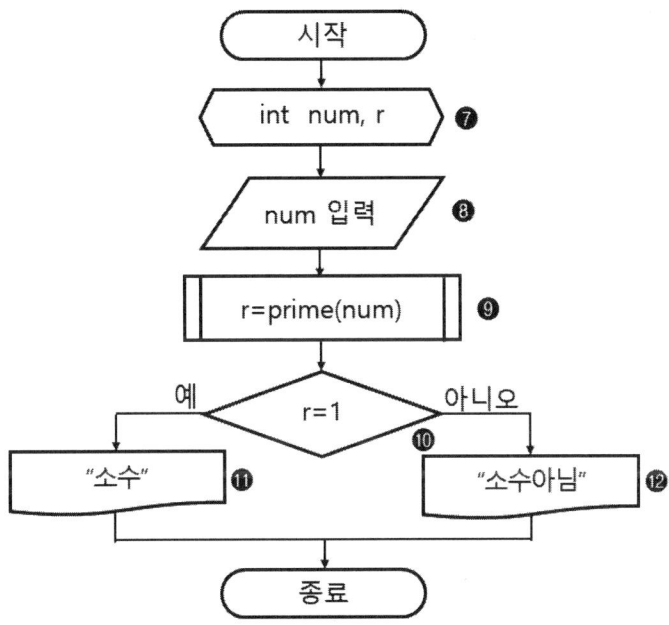

[함수 호출]
❼ 정수형 변수 num과 r을 선언한다.
❽ 정수를 입력받아 변수 num에 저장한다.
❾ num을 인수로 넘기며 함수 prime()를 호출하고 함수의 반환값을 r에 저장한다.
❿ r=1이 참인지 판별한다.
⓫ r=1이 참이면 "소수"를 출력한다.
⓬ r=1이 거짓이면 "소수아님"을 출력한다.

예제 5-12.c

```c
1   #include <stdio.h>
2   char prime(int n)
3   {
4       int flag=1, i;
5       for(i=2; i<= n/2; i++)
6           if (n/i == 0)
7           {
8               flag=0;
9               break;
10          }
11      return flag;
12  }
13  int main()
14  {
15      int num, r;
16      printf("정수를 입력하세요.");
17      scanf_s("%d",&num);
18      r = prime(num);
19      if (r == 1)
20          printf("%d(은)는 소수입니다.\n",num);
21      else
22          printf("%d(은)는 소수가 아닙니다.\n",num);
23      return 0;
24  }
```

[실행결과]

정수를 입력하세요.17
17은(는) 소수입니다.

연습문제

1. 정수를 입력받아 양수, 음수, 0 을 판별하는 함수 check()의 순서도를 작성하시오.

2. 햄버거 메뉴 주문에 따라 가격을 출력하는 함수 order()의 순서도를 작성하시오. 각 메뉴는 번호 1,2,3으로 입력 받고 1~3 사이를 벗어난 입력 값은 "메뉴선택을 잘못하셨습니다."메시지를 출력하도록 작성하시오.

메뉴	가격
치즈버거	3000
새우버거	3500
불고기버거	4000

메뉴표

3. 원의 반지름을 매개변수로 받고 면적을 구하여 면적을 반환하는 함수 area()를 정의하고 호출하는 함수에서 반지름을 입력받아 이 값을 인수로 넘기며 area()를 호출하는 순서도를 작성하시오.

4. 다음 함수를 실행하면 출력결과는 어떻게 나타나는가?

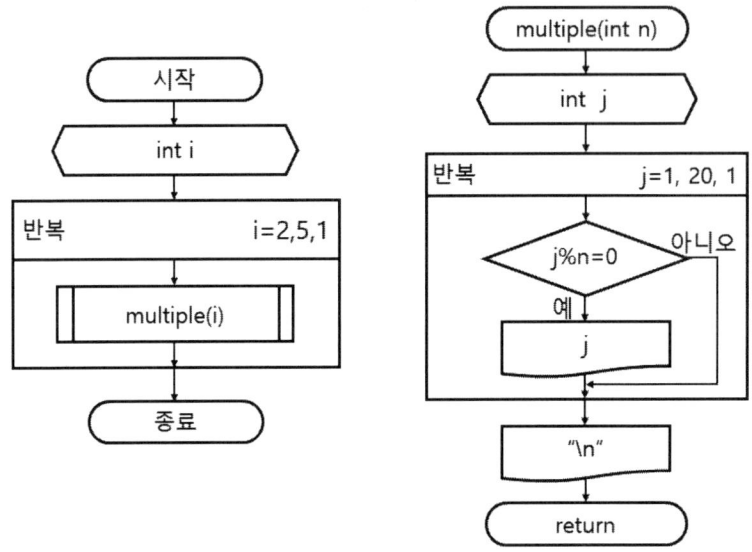

5. 삼각형 모양으로 별표(*)를 출력하는 함수 star()를 정의하시오. 이때 매개변수의 값에 따라 별표 삼각형의 크기가 각각 다르게 출력하는 함수를 정의하시오.

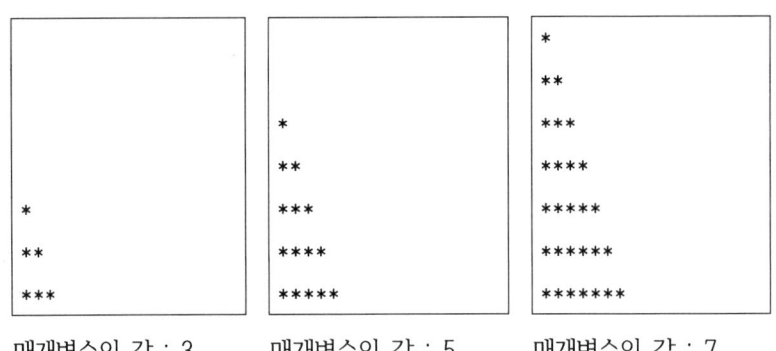

매개변수의 값 : 3   매개변수의 값 : 5   매개변수의 값 : 7

6. 입력받은 두수를 매개변수로 하여 두수의 차를 구하는 함수 diff()를 정의하고 이를 호출하는 함수에서 두 수를 입력받아 인수로 넘기며 diff()를 호출하는 순서도를 작성하시오.

7. 두 과목의 점수를 매개변수로 받아 평균을 구하여 이를 반환하는 함수 avg()를 정의하고 호출하는 함수에서 두 과목의 점수를 입력받아 인수로 넘기며 avg()를 호출하는 순서도를 작성하시오.

Chapter 06

배열

6.1 배열(Array) 이란?
6.2 1차원 배열
6.3 2차원 배열
6.4 배열의 예제

Chapter 06
배열

6.1 배열(Array) 이란?

변수는 값을 저장하기 위한 저장 공간이다. 한명의 시험 점수를 저장하기 위한 변수는 한 개만 사용하면 되지만 100명의 시험점수를 저장하기 위해서는 100개의 변수가 필요하다. 각각 변수명을 부여하고 접근하려면 어려움이 클 것이다. 이러한 경우 배열을 사용하면 편리하다. 배열은 같은 자료형을 가진 여러 값들에 대해 연속적인 저장 공간을 부여하는 것으로 하나의 변수명을 사용하고 각각의 요소는 인덱스 번호로 구분하여 사용한다.

다음은 배열요소 10개는 가진 배열 A를 표현한 그림이다.

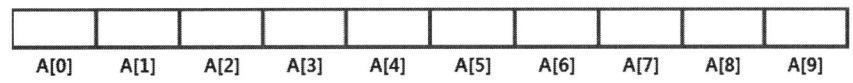

배열 요소의 값에 접근하기 위해서는 배열명과 대괄호 [] 안에 인덱스 숫자를 표기하여야 한다. A[0], A[1], A[2] 등 배열 요소 각각은 일반 변수처럼 사용할 수 있다.

6.2 1차원 배열

배열명 다음에 대괄호[ ]가 한 개로 표현되는 것은 1차원 배열을 의미한다.

■ 배열의 선언과 초기화

배열의 선언은 배열명 다음에 배열요소의 개수를 대괄호 안에 작성한다. 다음은 배열 요소 5개로 이루어진 정수형인 1차원 배열 A를 선언한 예이다.

> int A[5]

다음은 C프로그램에서 배열을 선언하는 구문이다.

구문

자료형 배열명[갯수];

다음은 10개의 정수값을 저장하기 위하여 정수형 배열을 선언한 예이다.

```
int A[10];              //10개의 요소를 갖는 정수형 배열 선언
```

선언된 A[10]에서 A는 배열명이고 대괄호안의 숫자 10은 배열의 개수가 10개임을 의미한다.
선언된 배열은 다음과 같이 연속적인 저장 공간에 할당되고 같은 배열명을 가진 배열은 같은 자료형을 갖는다. int형이므로 모두 정수값을 저장할 저장공간이다.

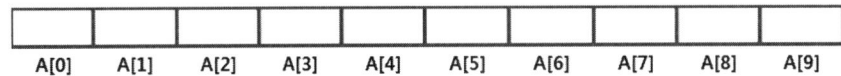

배열 요소의 첫 번째 인덱스는 0부터 시작한다. 따라서 배열 인덱스의 범위는 0부터 배열의 크기-1까지이다. A[0]이 첫 번째 배열요소의 값이고 마지막 요소는 A[9]이다. 다음은 배열에서 각 요소에 접근하는 예이다. 변수 사용과 동일하다. 배열 A의 첫 번째 요소에 75를 부여하고 두 번째 요소에 88을 부여하고 세 번째 요소에 첫 번째 배열 요소의 값을 복사하여 저장하였다.

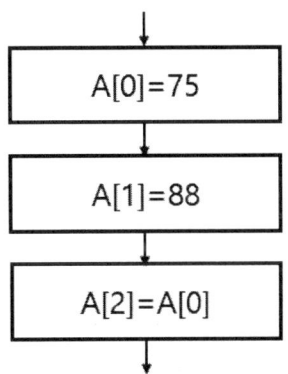

배열의 인덱스를 변수로 사용할 수 있다. 변수 i의 값을 사용하여 배열 요소들을 접근하였다.

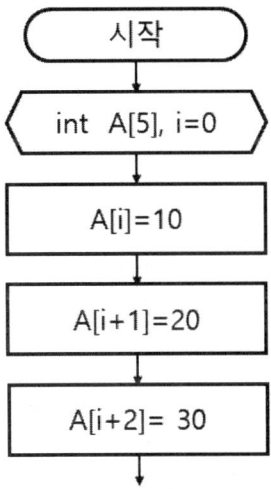

배열은 인덱스값이 순차적으로 되어 있기 때문에 반복구조를 사용하여 반복을 제어하는 변수의 값으로 배열요소에 차례대로 접근할 수 있다는 점이 큰 장점이다. 다음은 반복구조를 사용하여 배열 A의 각 요소를 출력하는 순서도이다.

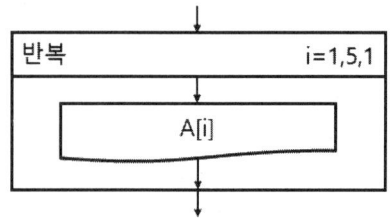

배열의 초기화는 중괄호{ }를 사용하여 배열 요소의 개수만큼 콤마로 구분하면서 연속적으로 값을 부여한다.

int A[5]= {75, 88, 100, 90, 95}

다음은 5명 학생의 영어 점수를 저장하기 위하여 배열을 선언하고 평균 점수를 구하는 순서도와 프로그램이다.

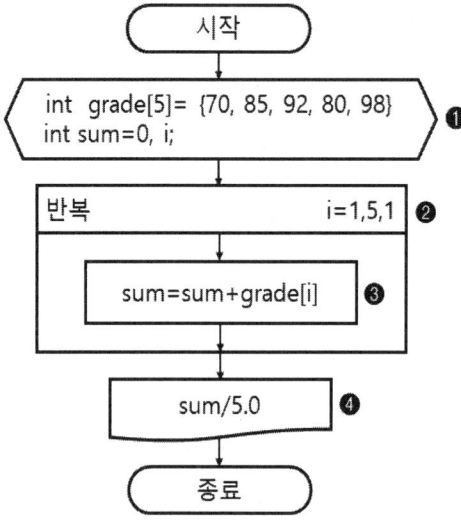

[순서도]
❶ 5개 영어점수를 저장할 배열 grade를 선언하고 5개 점수로 초기화한다.
합계를 저장할 변수 sum을 선언하고 0의 값으로 초기화한다. 변수 i를 선언한다.
❷ i의 값을 초기값 1로 하고 1씩 증가하면 최종값 5까지 반복한다.
❸ sum에 배열 grade[i]의 값을 더한다.
❹ sum/5.0을 출력한다.

C프로그램

```
1    #include <stdio.h>
2    int main()
3    {
4      int sum = 0, i;
5      int grade[5] ={70, 85, 92, 80, 98};        //5명 학생의 영어점수를 초기화
6      for (i = 0; i < 5; i++)
7         sum += grade[i];                        //5명 학생의 영어점수를 총합
8      printf("영어 평균점수=>%f\n", sum/5.0);    //평균점수 출력
9      return 0;
10   }
```

[실행결과]

영어 평균점수=>85.000000

■ 배열크기를 지정하지 않는 초기화

다음 배열 선언과 초기화 예제를 보면 대괄호 [ ] 속에 배열의 크기를 지정하지 않았다. 배열을 선언할 때 배열의 크기를 지정하지 않고 초기화를 하면 초기화 값의 개수만큼 배열의 크기가 지정된다. 다음 예는 초기화 값이 5개 이므로 배열 k의 크기는 5가 된다.

```
int k[ ] = {75, 88, 100, 90, 95};    //배열요소 개수로 정해짐 : 배열크기는 5
```

75	88	100	90	95
k[0]	k[1]	k[2]	k[3]	k[4]

■ 초기화 개수

배열의 개수보다 초기화 값의 개수가 많으면 컴파일 오류가 발생한다. 반대로 배열의 개수보다 초기화 값의 개수가 적으면 부족한 개수는 0으로 채워진다.

```
int m[10]= {1, 2, 3, 4};    //배열m[0]~m[3]은 차례대로 값 할당되고 나머지는 0 할당
```

1	2	3	4	0	0	0	0	0	0
m[0]	m[1]	m[2]	m[3]	m[4]	m[5]	m[6]	m[7]	m[8]	m[9]

6.3 2차원 배열

2차원 배열은 배열명 다음에 대괄호[ ]로 표현되는 요소가 2개로 첫 번째 인덱스는 행을, 두 번째 인덱스는 열을 표시한다.

> **구문**
>
> 자료형 배열명[행 개수][열 개수];

다음은 3행 5열로 이루어진 int형 배열 num를 선언한 것이다.

```
int num[3][5];          //3행 5열의 int형 2차원 배열 선언
```

배열 num은 다음과 같이 3행 5열의 배열로 15개 요소의 배열크기를 갖는다.

	0열	1열	2열	3열	4열
0행	A[0][0]	A[0][1]	A[0][2]	A[0][3]	A[0][4]
1행	A[1][0]	A[1][1]	A[1][2]	A[1][3]	A[1][4]
2행	A[2][0]	A[2][1]	A[2][2]	A[2][3]	A[2][4]

2차원 배열에서도 1차원 배열과 마찬가지로 배열 요소 각각에 값을 부여할 수 있다.

```
int num[3][2];          //6개의 요소를 갖는 int형 2차원 배열 선언
num[0][0] = 10;
num[0][1] = 20;
num[1][0] = 30;
num[1][1] = 40;
num[2][0] = 50;
num[2][1] = 60;
```

■ 2차원 배열의 초기화

2차원 배열에서도 배열을 선언함과 동시에 초기화를 시킬 수 있다. 한꺼번에 값을 부여하고자 할 때는 행단위로 중괄호 { } 로 묶어 값을 부여할 수 있다.

```
int num[3][2] = { { 10, 20 } , { 30, 40 }, { 50, 60 } };   //0행, 1행, 2행으로 초기화
```

2차원 배열은 행열로 이루어진 구조로 생각하지만 실제 메모리에서는 1차원 배열처럼 첫 번째 행 다음에 연속해서 두 번째 행이 이어져있고 연속해서 다음 행들이 이어져 일렬로 메모리가 할당된다. 따라서 초기화하는 값은 num[0][0], num[0][1], num[1][0], num[1][1], num[2][0], num[2][1] 순서로 부여되기 때문에 2차원 배열에 초기값을 부여할 때 1차원 배열과 같이 각 요소의 값을 순서대로 부여할 수 있다.

```
int num[3][2] = { 10, 20, 30, 40, 50, 60 };
```

다음은 입력 받은 값을 3행 3열의 2차원 배열에 저장하고 그대로 출력하는 순서도와 C프로그램 예제이다.

	0열	1열	2열
0행	B[0][0]	B[0][1]	B[0][2]
1행	B[1][0]	B[1][1]	B[1][2]
2행	B[2][0]	B[2][1]	B[2][2]

배열 B[3][3]

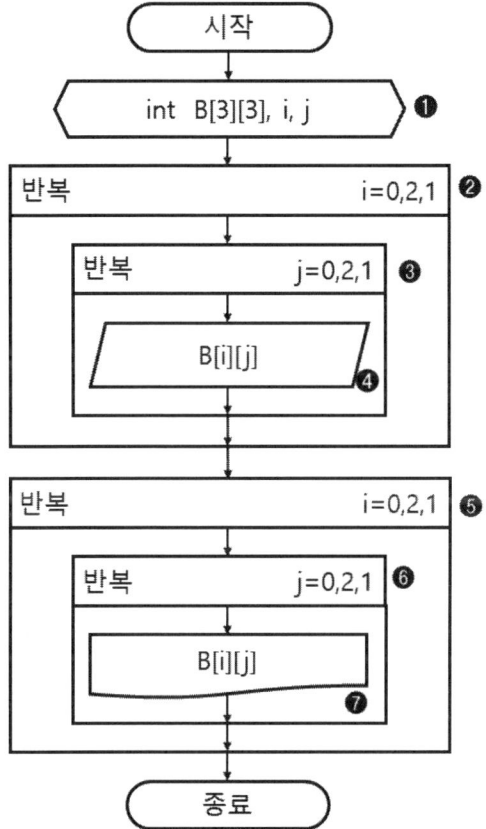

[순서도]
❶ 3행3열의 정수형 배열 B[3][3]를 선언하고 정수형 변수 i, j를 선언한다.
❷ i의 초기값을 0부터 1씩 증가하며 최종값 2까지 반복한다.
❸ j의 초기값을 0부터 1씩 증가하며 최종값 2까지 반복한다.
❹ 배열요소 B[i][j]에 정수를 입력받는다.
❺ i의 초기값을 0부터 1씩 증가하며 최종값 2까지 반복한다.
❻ j의 초기값을 0부터 1씩 증가하며 최종값 2까지 반복한다.
❼ 배열요소 B[i][j]를 출력한다.

C프로그램

```c
1   #include <stdio.h>
2   int main()
3   {
4       int B[3][3], i, j;
5       for(i=0; i<=2; i++)
6           for(j=0; j<=2; j++)
7           {
8               printf("정수를 입력하세요.");
9               scanf_s("%d",&B[i][j]);
10          }
11      for(i=0; i<=2; i++)
12          for(j=0; j<=2; j++)
13          {
14              printf("%d ",B[i][j]);
15          }
16      return 0;
17  }
```

[실행결과]

```
정수를 입력하세요.15
정수를 입력하세요.22
정수를 입력하세요.7
정수를 입력하세요.32
정수를 입력하세요.3
정수를 입력하세요.71
15 22 7 32 3 71
```

6.4 배열의 예제

■ 1차원 배열 예제

❶ [예제 6-1] 10개 숫자 중 홀수만 출력

주어진 10개의 숫자 중 홀수만 출력해보는 예제이다.

순서도 6-1

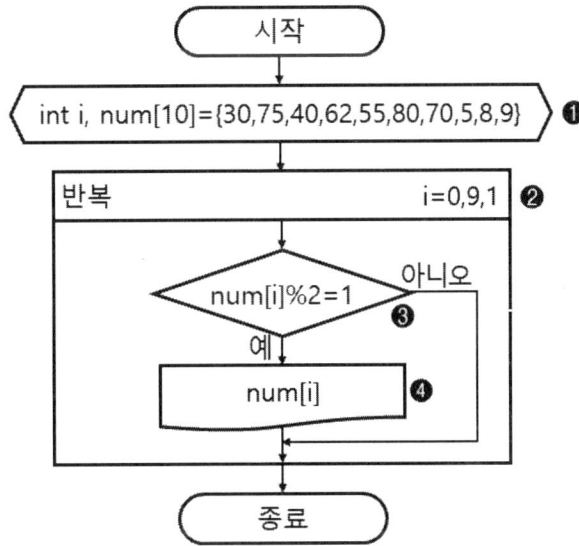

[순서도]
❶ 정수형 변수 i와 10개 요소를 가진 배열 num 을 정의한다.
❷ i의 시작값을 0으로 하고 1씩 증가하여 최종 9가 될 때까지 반복한다.
❸ num[i]%2 = 1인지 판별한다.
❹ num[i]%2 = 1이 참이면 num[i]를 출력한다.

예제 6-1.c

```
1   #include <stdio.h>
2   int main()
3   {
4       int num[10] = {30,75,40,62,55,80,70,5,8,9};      //10개 숫자를 배열에 저장
5       int i;
6       for (i = 0; i < 10; i++)
7           if (num[i] % 2==1)                            // 홀수인지 판별
8               printf("홀수 ==> %d\n", num[i]);
9       return 0;
10  }
```

[실행결과]

```
홀수 ==> 75
홀수 ==> 55
홀수 ==> 5
홀수 ==> 9
```

❷ **[예제 6-2] 80점 이상만 배열에 저장하기**

입력 받은 점수가 80점 이상인 경우에만 1차원 배열에 저장하고 출력하는 예제이다.

📝 순서도 6-2

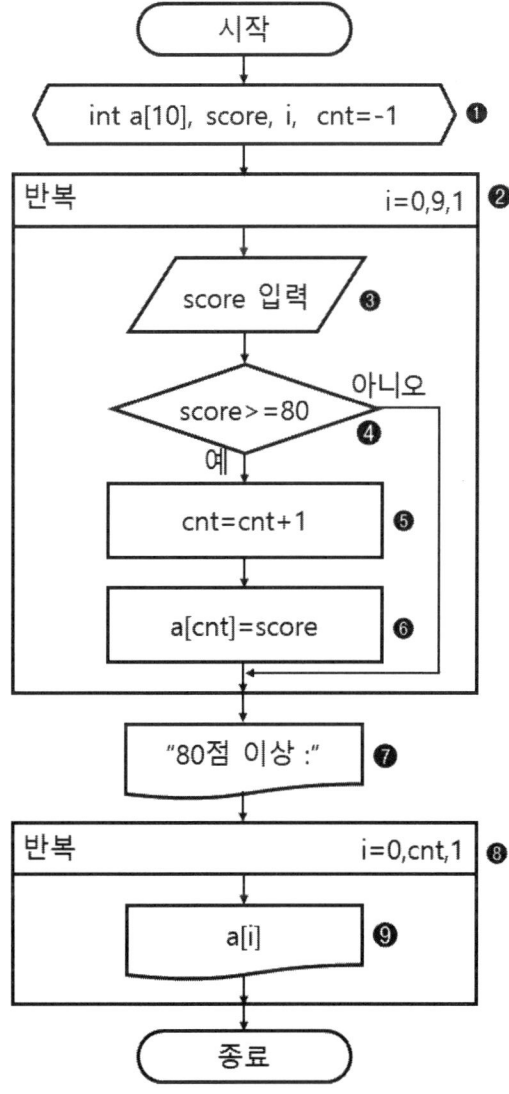

[순서도]
❶ 배열 a[10]와 정수형 변수 score와 i, cnt를 선언하고 cnt는 –1로 초기화한다.
❷ i의 시작값을 0으로 하고 1씩 증가하여 최종 9가 될 때까지 반복한다.
❸ score를 입력받는다.
❹ score>=80이 참인지 판별한다.
❺ score>=80이 참이면 cnt를 1 증가 시킨다.
❻ a[cnt]에 score를 저장한다.
❼ "80점 이상:"을 출력한다.
❽ i의 시작값을 0으로 하고 1씩 증가하여 최종 cnt가 될 때까지 반복한다.
❾ a[i]를 출력한다.

예제 6-2.c

```c
1    #include <stdio.h>
2    int main()
3    {
4      int a[10];
5      int score, i, cnt=-1;
6      for (i = 0; i < 10; i++)
7      {
8          printf("점수를 입력하세요(%d) : ", i+1);
9          scanf_s("%d", &score);
10         if (score>=80)
11         {
12             cnt=cnt+1;
13             a[cnt]=score;
14         }
15     }
16     printf("80점 이상 : ");
17     for (i=0; i<=cnt; i++)
18         printf("%d\n", a[i]);
19     return 0;
20   }
```

[실행결과]

```
점수를 입력하세요(1) : 68
점수를 입력하세요(2) : 72
점수를 입력하세요(3) : 84
점수를 입력하세요(4) : 90
점수를 입력하세요(5) : 71
점수를 입력하세요(6) : 70
점수를 입력하세요(7) : 96
점수를 입력하세요(8) : 100
점수를 입력하세요(9) : 59
점수를 입력하세요(10) : 89
80점 이상 : 84 90 96 100 89
```

❸ [예제 6-3] 상품 평점을 별표로 출력하기

숫자로 평가된 상품의 평점을 별표(*)로 출력하는 예제이다. 1차원 배열에 상품1부터 상품5까지의 평점을 숫자로 평가한 값이 들어있고 이 값을 별표로 출력하는 예제이다.

✏️ 순서도 6-3

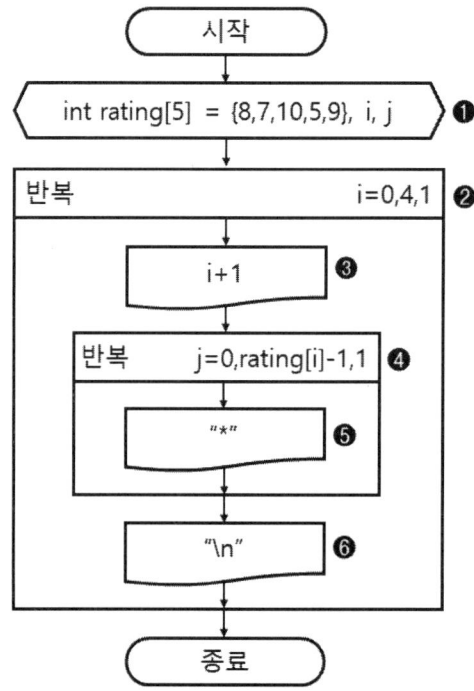

[순서도]
❶ 5개 평점을 저장할 배열 rating[5]를 선언하고 정수형 변수 i, j를 선언한다.
❷ i의 시작값을 0으로 하고 1씩 증가하여 최종 4가 될 때까지 반복한다.
❸ 상품번호 i+1을 출력한다.
❹ j의 시작값을 0으로 하고 rating[i]-1의 평점 수까지 1씩 증가하며 반복한다.
❺ 별표(*)를 출력한다.
❻ 줄바꿈을 한다.

예제 6-3.c

```c
1    #include <stdio.h>
2    int main()
3    {
4        int rating[5] = {8,7,10,5,9};
5        int i, j;
6
7        for (i = 0; i < 5; i++)
8        {
9            printf("상품%d ",i+1);
10           for (j = 0; j <= rating[i]-1; j++)
11               printf("*");
12           printf("\n");
13       }
14       return 0;
15   }
```

[실행결과]

```
상품1 * * * * * * * *
상품2 * * * * * * *
상품3 * * * * * * * * * *
상품4 * * * * *
상품5 * * * * * * * * *
```

❹ **[예제 6-4] 10명 학생의 키를 입력받고 평균키 이상 학생들의 키 출력하기**

10명 학생의 키를 입력받고 평균키 이상인 학생들의 키를 출력하는 예제이다.

📝 순서도 6-4

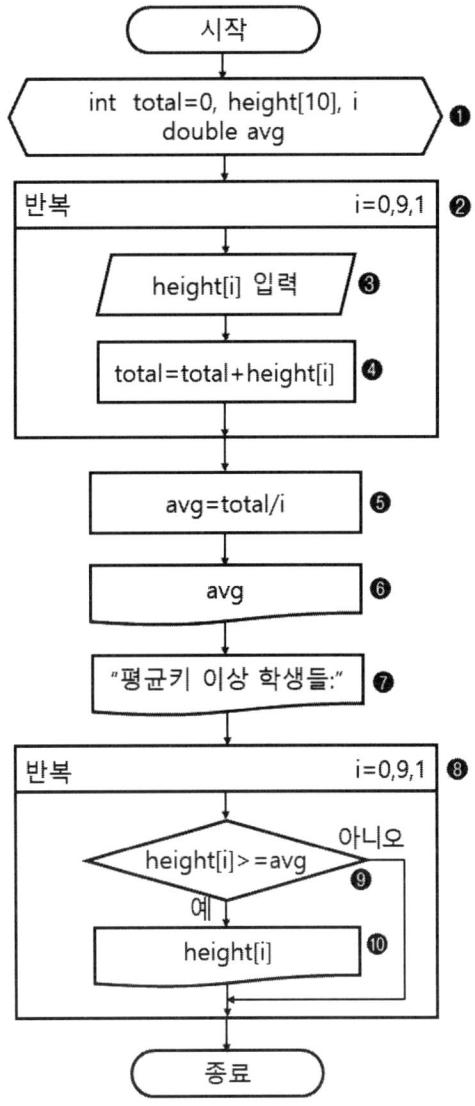

[순서도]

❶ 정수형 변수 total과 10개 배열요소를 갖는 배열 height, i를 선언한다.
　실수형 변수 avg를 선언한다.
❷ i의 시작값을 0으로 하고 1씩 증가하여 최종 9가 될 때까지 반복한다.
❸ 배열요소 height[i]에 키를 입력받는다.
❹ total에 heiht[i]의 키를 누적한다.
❺ total을 i로 나눈 평균값을 avg에 저장한다.
❻ 평균키 값인 avg를 출력한다.
❼ "평균이상 학생들:"을 출력한다.
❽ i의 시작값을 0으로 하고 1씩 증가하여 최종 9가 될 때까지 반복한다.
❾ height[i]>= avg가 참인지 판별한다.
❿ height[i]>= avg가 참이면 height[i]를 출력한다.

예제 6-4.c

```
1    #include <stdio.h>
2    int main()
3    {
4      int total = 0, i;                    //total : 전체 키 총합
5      int height[10];                      //10명 학생의 키를 저장할 배열
6      double avg;                          //10명 학생의 키 평균값
7
8      for (i = 0; i < 10; i++)
9      {
10         printf("키 입력(%d)=>", i+1);
11         scanf_s("%d", &height[i]);
12     }
13     for (i = 0; i < 10; i++)
14         total=total+height[i];           //10명 학생의 키를 총합
15     avg=(double)total/i;                 //10명 학생의 평균키 계산
16
17     printf("평균키 ==> %f\t",avg);
18     printf("평균키 이상 학생들:");
19     for (int i = 0; i < 10; i++)
20         if (height[i] >= avg)
21             printf("%d ", height[i]);    //평균 키 이상 학생들의 키 출력
22     return 0;
23   }
```

[실행결과]

```
키 입력(1)=>155
키 입력(2)=>160
키 입력(3)=>162
키 입력(4)=>157
키 입력(5)=>163
키 입력(6)=>171
키 입력(7)=>165
키 입력(8)=>159
키 입력(9)=>170
키 입력(10)=>168
평균키 ==> 163.000000    평균키 이상 학생들:163 171 165 170 168
```

❺ [예제 6-5] 남여 학생 각각 가장 키가 큰 학생의 번호와 키를 출력하기

남학생과 여학생 중 각각 가장 키가 큰 학생의 번호와 키를 출력하는 예제이다. 남학생의 키와 여학생의 키를 저장할 1차원 배열을 각각 생성하고 가장 큰 키와 그 번호를 출력한다. 다음에 주어진 자료의 값으로 배열을 초기화하고 문제를 풀어보자.

번호	남	여
1	163	155
2	170	171
3	160	158
4	168	161
5	175	163

📎 순서도 6-5

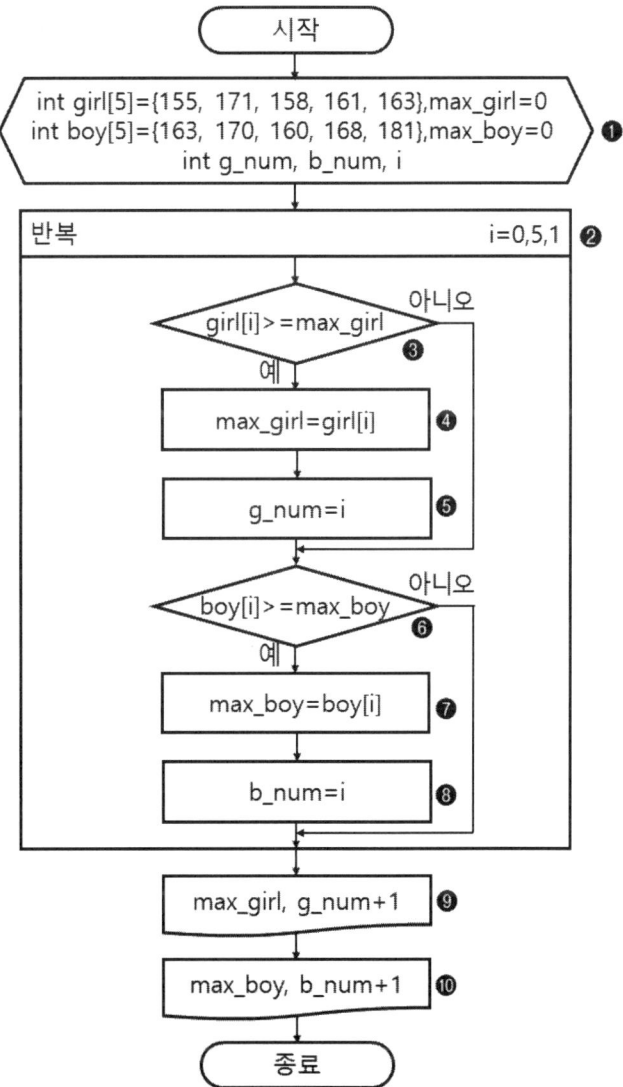

[순서도]

❶ 여학생 키를 저장할 5개 배열요소를 갖는 배열 girl을 선언한다. 여학생의 가장 큰 키값을 저장할 변수 max_girl을 선언하고 0으로 초기화한다.
　남학생 키를 저장할 5개 배열요소를 갖는 배열 boy를 선언한다. 남학생의 가장 큰 키값을 저장할 변수 max_boy를 선언하고 0으로 초기화한다.
　정수형 변수 g_num, b_num, i를 선언한다.
❷ i의 시작값을 0으로 하고 1씩 증가하여 최종 5가 될 때까지 반복한다.
❸ girl[i]>=max_girl이 참인지 판별한다.
❹ girl[i]>=max_girl이 참이면 max_girl에 girl[i]의 값을 저장한다.
❺ i값을 g_num에 저장한다.
❻ boy[i]>=max_boy가 참인지 판별한다.
❼ boy[i]>=max_boy가 참이면 max_boy에 boy[i]의 값을 저장한다.
❽ i값을 b_num에 저장한다.
❾ max_girl, g_num+1(배열요소가 0부터 시작하므로 번호는 +1)을 출력한다.
❿ max_boy, b_num+1(배열요소가 0부터 시작하므로 번호는 +1)을 출력한다.

예제 6-5.c

```c
1   #include<stdio.h>
2   int main()
3   {
4     int girl[] = {155, 171, 158, 161, 163};
5     int boy[] = {163, 170, 160, 168, 181};
6     int max_boy=0, max_girl = 0, g_num, b_num, i;
7     for (i = 0; i < 5; i++)
8     {
9       if (girl[i] > max_girl)        // 여학생 중 가장 큰 키 탐색
10        {
11          max_girl = girl[i];        // 여학생 중 가장 큰 키값 저장
12          g_num = i;                 // 가장 큰 키 배열 인덱스 저장
13        }
14      if (boy[i] > max_boy)          // 남학생 중 가장 큰 키 탐색
15        {
16          max_boy = boy[i];          // 남학생 중 가장 큰 키값 저장
17          b_num = i;                 // 가장 큰 키 배열 인덱스 저장
18        }
19    }
20    printf("여학생 중 가장 큰키=%d   번호=%d\n", max_girl, g_num+1);
21    printf("남학생 중 가장 큰키=%d   번호=%d\n", max_boy, b_num+1);
22    return 0;
23  }
```

[실행결과]

```
여학생 중 가장 큰키=171    번호=2
남학생 중 가장 큰키=181    번호=5
```

❻ **[예제 6-6] 물건값의 지불금액에 대한 거스름돈 계산하기**

물건값과 지불금액이 입력되면 거스름돈을 계산하여 지폐와 동전의 개수를 출력하는 예제이다.

✎ 순서도 6-6

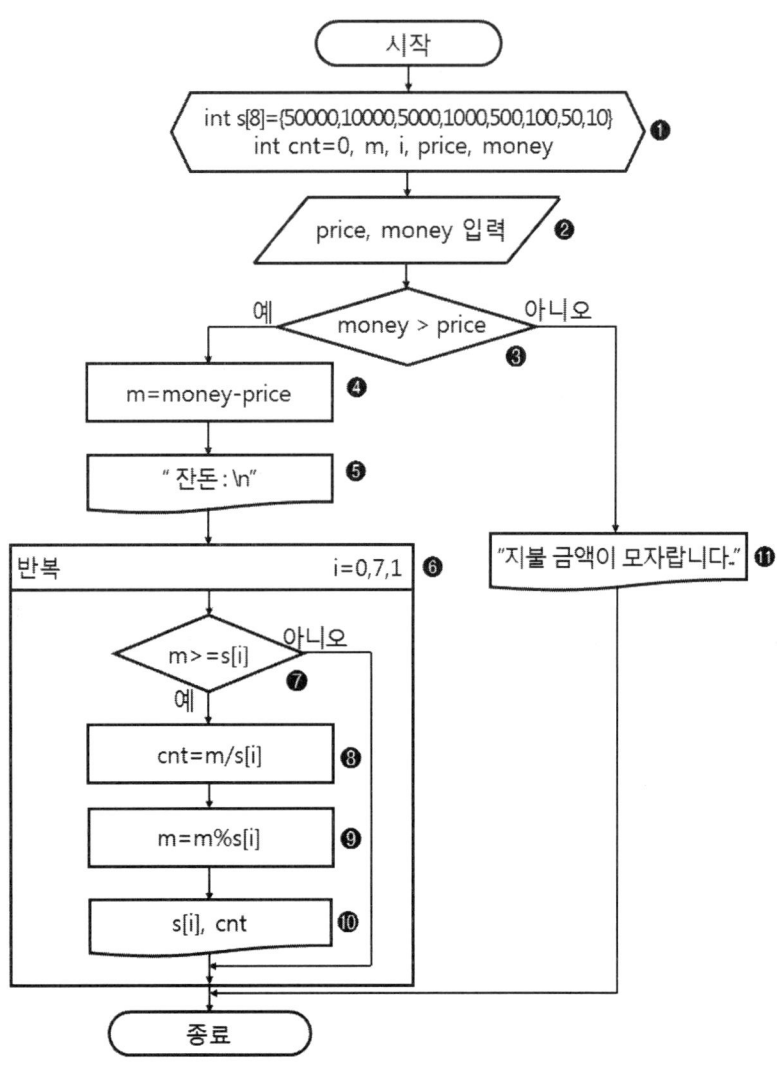

[순서도]
❶ 돈의 금액을 저장할 배열s[8]을 선언한다. 정수형 변수 cnt를 선언하여 0으로 초기화하고 변수 m, i, price, money를 선언한다.
❷ 물건값과 지불금액인 price, money를 입력받는다.
❸ money>price가 참인지 (지불금액이 물건값보다 큰지) 판별한다.
❹ money>price가 참이면 m=money-price(지불금액-물건값)을 실행하여 거스름돈을 계산한다.
❺ "잔돈\n"을 출력한다.
❻ i의 시작값을 0으로 하고 1씩 증가하여 최종 7가 될 때까지 반복한다.
❼ m>= s[i]가 참인지 판별한다.
❽ m>= s[i]가 참이면 s[i] 화폐의 잔돈개수 계산식인 cnt=m/s[i]를 실행한다.
❾ 그 다음 화폐의 거스름돈을 계산하기 위하여 m=m%s[i]를 실행한다.
❿ s[i], cnt를 출력한다.
⓫ money>price가 거짓이면 (지불금액이 물건값보다 작다면) "지불 금액이 모자랍니다."를 출력한다.

예제 6-6.c

```c
1    #include <stdio.h>
2    int main()
3    {
4      int s[8]={50000,10000,5000,1000,500,100,50,10};
5      int cnt=0, m, i, price, money;
6      printf("물건값과 지불금액을 입력하세요.");
7      scanf_s("%d%d", &price, &money);
8      if (money > price)
9      {
10       m=money-price;
11       printf("잔돈:\n");
12       for(i = 0; i < 8; i++)
13          if (m >= s[i])
14          {
15             cnt = m / s[i];
16             m = m % s[i];
17             printf("%d원   %2d장 \n", s[i], cnt);
18          }
19     }
20     else
21       printf("지불금액이 모자랍니다 .");
22     return 0;
23   }
```

[실행결과]

```
물건값과 지불금액을 입력하세요.46500 50000
잔돈:
1000원   3장
500원    1장
```

❼ [예제 6-7] 버블정렬 하기

버블정렬은 자료의 인접한 두개의 값을 비교하여 크기의 순서에 맞게 교환하는 과정을 반복하면서 정렬한다. 다음 5개 자료를 버블 정렬하는 과정을 살펴보자.

| 35 | 23 | 11 | 5 | 1 | 초기상태

첫 번째 자료부터 인접한 자료와 크기를 비교한 다음 크기순으로 교환을 한다.

| 35 ↔교환↔ 23 | 11 | 5 | 1 | 35와 23을 교환
| 23 | 35 ↔교환↔ 11 | 5 | 1 | 35와 11을 교환
| 23 | 11 | 35 ↔교환↔ 5 | 1 | 35와 5를 교환
| 23 | 11 | 5 | 35 ↔교환↔ 1 | 35와 1을 교환
| 23 | 11 | 5 | 1 | (35) | 1회전 완료

전체 자료를 모두 비교한 1회전의 결과는 가장 오른쪽 끝 자료가 가장 큰 값이 된다. 그 다음 과정에서는 가장 오른쪽 자료를 제외하고 실행을 하고 2회전의 결과는 가장 오른쪽 바로 앞의 자료가 가장 큰 값이 될 것이다. 이런 과정이 반복 될 때마다 가장 큰 값의 자료는 오른쪽 끝으로 이동하게 된다. 왼쪽 모든 자료의 정렬이 완료될 때까지 이 과정을 반복한다. 버블정렬이 완료될 때까지의 과정은 다음 그림과 같다.

23	11	5	1	35	1회전 결과
11	5	1	23	35	2회전 결과
5	1	11	23	35	3회전 결과
1	5	6	23	35	4회전 결과

다음 예제는 10개의 숫자를 버블 정렬하는 순서도와 C프로그램이다.

순서도 6-7

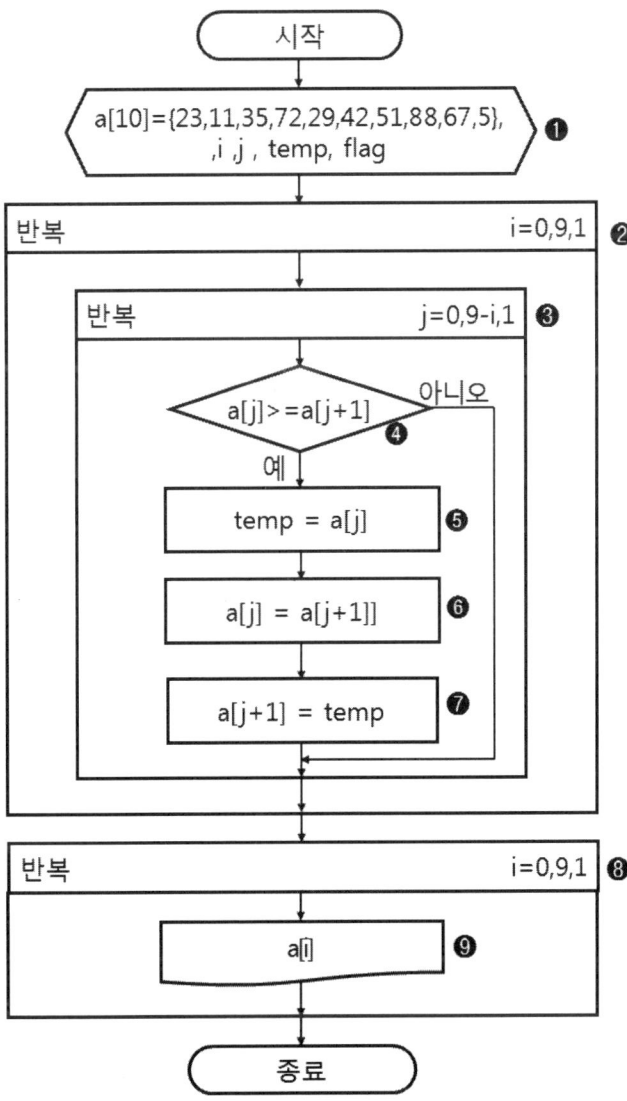

[순서도]

❶ 배열 a[10]을 선언하고 정렬할 정수로 초기화를 한다. 변수 i, j, temp를 선언한다.
❷ 변수 i는 0부터 9까지 1씩 증가하며 반복한다.
❸ 변수 j는 0부터 9-i까지 1씩 증가하며 반복한다.
❹ a[j]>= a[j+1]가 참인지를 판별한다.
❺ a[j]>= a[j+1]가 참이면 a[j]와 a[j+1]을 교환하는 과정을 실행한다. temp에 a[j]를 저장한다.
❻ a[j]에 a[j+1]을 저장한다.
❼ a[j+1]에 temp를 저장한다.
❽ 변수 i는 0부터 9까지 1씩 증가하며 반복한다.
❾ a[i]를 출력한다.

예제 6-7.c

```
1   #include <stdio.h>
2   int main()
3   {
4       int a[10]={23,11,35,72,29,42,51,88,67,5};
5       int i, j, temp;
6
7       for (i = 0; i < 9; i++)
8           for (j = 0; j < 9-i; j++)
9               if (a[j] > a[j + 1])
10              {
11                  temp = a[j];
12                  a[j] = a[j + 1];
13                  a[j + 1] = temp;
14              }
15
16      for(i = 0; i < 10; i++)
17          printf("%d ", a[i]);
18      return 0;
19  }
```

[실행결과]

```
5 11 23 29 35 42 51 67 72 88
```

❽ [예제 6-8] 개선된 버블 정렬하기

앞서 작성한 버블 정렬은 반복구조의 횟수를 다 수행하기 때문에 정렬이 다 되었음에도 불구하고 반복 횟수가 남았다면 정렬 프로그램이 계속 실행하면서 반복 횟수를 다 채운다.

다음의 예를 보자.

2	1	32	5	8	초기상태
1	2	5	8	32	1회전 결과
1	2	5	8	32	2회전 결과
1	2	5	8	32	3회전 결과
1	2	5	8	32	4회전 결과

정렬할 자료는 1회전 결과 이미 정렬이 완료 되었지만 버블정렬의 반복횟수는 자료의 개수-1까지 반복하기 때문에 4회전까지 반복을 한다. 따라서 개선된 버블 정렬은 전체 자료를 한번 스캔하면서 인접한 두개의 값을 비교하여 교환이 한번이라도 발생하는 경우에는 스캔하기 전에 flag=0으로 설정한 값을 1로 바꾸어 한번이라도 교환이 발생했는지를 알 수 있게 한다. 스캔하기 전에 설정한 flag값이 바뀌지 않았다면 교환이 전혀 발생하지 않았기 때문에 모든 자료가 정렬이 된 상태라는 것을 알 수 있어서 그 다음 스캔은 하지 않고 반복을 중단하고 종료하도록 한다.

개선된 버블 정렬의 순서도와 C프로그램은 다음과 같다.

📝 순서도 6-8

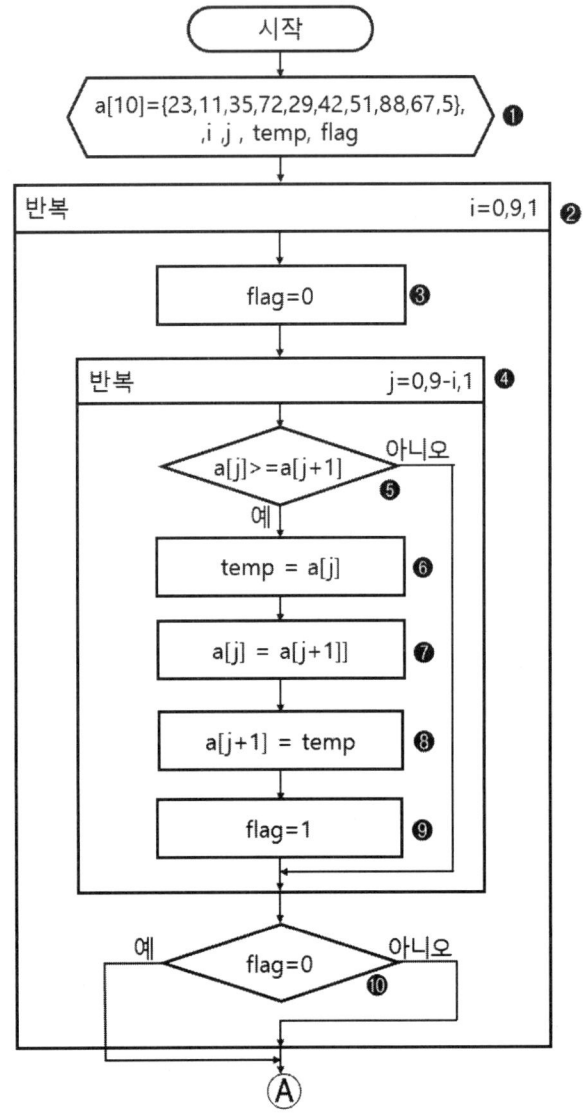

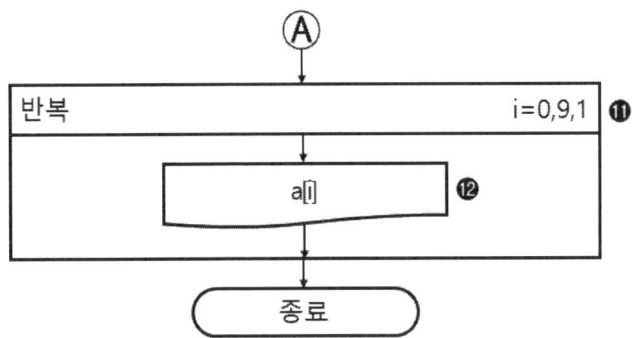

[순서도]
❶ 배열 a[10]을 선언하고 정렬할 정수로 초기화를 한다. 변수 i, j, temp를 선언한다.
❷ 변수 i는 0부터 9까지 1씩 증가하며 반복한다.
❸ flag=0으로 저장한다.
❹ 변수 j는 0부터 9-i까지 1씩 증가하며 반복한다.
❺ a[j]>= a[j+1]가 참인지를 판별한다.
❻ a[j]>= a[j+1]가 참이면 a[j]와 a[j+1]을 교환하는 과정을 실행한다.
　temp= a[j]를 실행한다.
❼ a[j]= a[j+1]를 실행한다.
❽ a[j+1]= temp를 실행한다.
❾ flag=1로 저장한다.
❿ flag=0인지 판별하고 참이면 반복구조를 빠져나오고 거짓이면 반복을 수행한다.
⓫ 변수 i는 0부터 9까지 1씩 증가하며 반복한다.
⓬ a[i]를 출력한다.

다음 프로그램에서 배열 a의 자료를 보면 마지막 10과 9의 자료만 자료의 순서가 교환되어야 한다. 따라서 한번만 스캔을 하면 자료는 정렬된다. 두 번째 스캔에서 flag=0의 값이 바뀌지 않기 때문에 두 번째 스캔까지 작업을 하고 반복을 종료하게 된다. 몇 회전까지 반복하고 종료했는지 출력하기 위해 21행에서 빠져나온 반복의 횟수를 출력하였다. 출력결과를 보면 2회전까지 반복하고 종료한 것을 알 수 있다.

예제 6-8.c

```
1    #include <stdio.h>
2    int main()
3    {
4        int a[10]={1,2,3,4,5,6,7,8,10,9};
5        int i, j, temp, flag;
6
7        for (i = 0; i < 9; i++)
8        {
9            flag=0;
10           for (j = 0; j < 9-i; j++)
11               if (a[j] > a[j + 1])
12               {
13                   temp = a[j];
14                   a[j] = a[j + 1];
15                   a[j + 1] = temp;
16                   flag=1;
17               }
18           if (flag==0)
19               break;
20       }
21       printf("%d회전: ", i+1);
22       for(i = 0; i < 10; i++)
23           printf("%d ", a[i]);
24       return 0;
25   }
```

[실행결과]

2회전 : 1 2 3 4 5 6 7 8 9 10

❾ [예제 6-9] 학생별 총점과 평균을 구하기

5명 학생의 국어, 영어, 수학 성적을 배열요소에 저장하고 각 학생별로 총점과 평균을 구하여 총점과 평균에 해당되는 배열요소에 저장하여 출력하는 예제이다. 2차원 배열 score[5][5]에 5명 학생의 국어, 영어, 수학 점수가 다음과 같이 저장되어 있을 때 각 학생별 총점과 평균을 구하여 배열의 3열과 4열에 저장하고 출력하여 보자.

	국어	영어	수학	총점	평균
	0열	1열	2열	3열	4열
0행	75	82	80		
1행	83	80	90		
2행	95	78	88		
3행	77	84	75		
4행	100	91	85		

📝 순서도 6-9

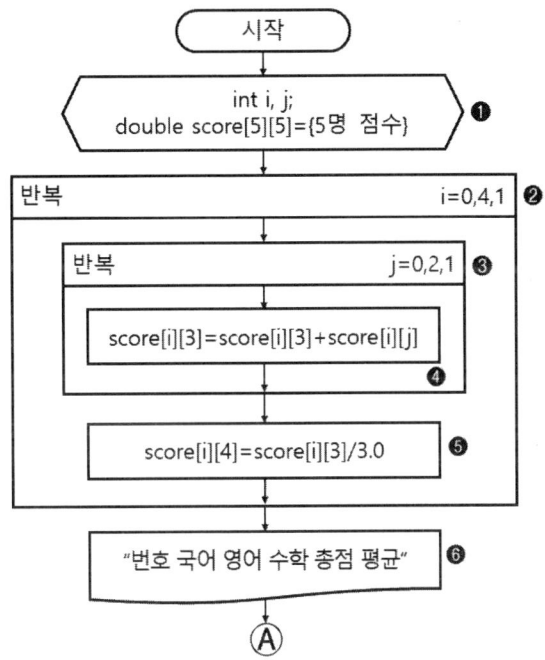

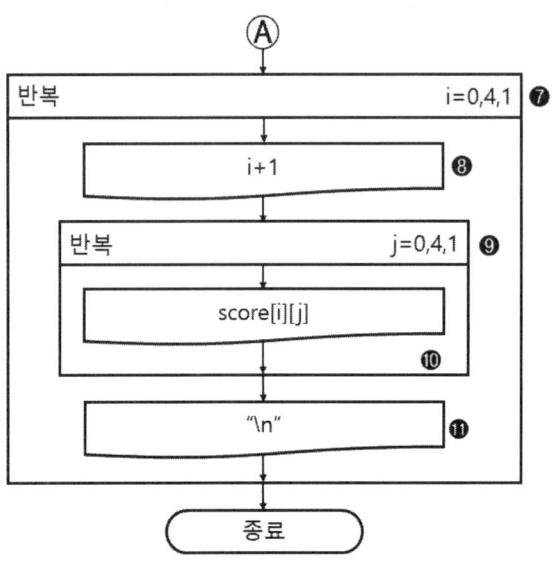

[순서도]

❶ 정수형 변수 i, j를 선언한다. 2차원 배열 score[5][5]를 선언하고 5명의 국어, 영어, 수학점수로 초기화한다.
❷ 변수 i는 0부터 4까지 1씩 증가하며 반복한다.
❸ 변수 j는 0부터 2까지 1씩 증가하며 반복한다.
❹ 각 학생의 국어, 영어, 수학 점수인 score[i][j]의 총점을 구하여 3열(score[i][3])에 저장한다.
❺ 각 학생의 평균(score[i][3]/3.0)을 구하여 4열(score[i][4])에 저장한다.
❻ 출력 결과의 제목을 출력한다. (번호 국어 영어 수학 총점 평균)
❼ 변수 i는 0부터 4까지 1씩 증가하며 반복한다.
❽ 학생의 번호(i+1)를 출력한다.
❾ 변수 i는 0부터 4까지 1씩 증가하며 반복한다.
❿ score[i][j]를 출력한다.
⓫ 줄바꿈을 한다.

예제 6-9.c

```c
1   #include<stdio.h>
2   int main()
3   {
4     int i, j;
5     double score[5][5] = {{75 ,82 ,80 ,0 ,0},
6                           {83 ,80 ,90 ,0 ,0},
7                           {95, 78, 88, 0, 0},
8                           {77, 84, 75 ,0 ,0},
9                           {100 ,91 ,85 ,0 ,0}} ;
10
11    for (i = 0; i < 5; i++)
12    {
13       for (j = 0; j < 3; j++)
14          score[i][3]+=score[i][j];        // 4열에는 총점을 저장할 공간
15       score[i][4]=score[i][3]/3.0;        // 5열에 평균을 저장
16    }
17    printf("===================================================== \n");
18    printf("번호    국어    영어    수학    총점    평균 \n");
19    printf("===================================================== \n");
20    for (i = 0; i < 5; i++)
21    {
22       printf("%d \t", i+1);
23       for (j = 0; j < 5; j++)
24          printf("%3.1f \t", score[i][j]);
25       printf("\n");
26    }
27    return 0;
28  }
```

[실행결과]

```
==========================================
번호    국어    영어    수학    총점    평균
==========================================
1       75.0    82.0    80.0    237.0   79.0
2       83.0    80.0    90.0    253.0   84.3
3       95.0    78.0    88.0    261.0   87.0
4       77.0    84.0    75.0    236.0   78.7
5       100.0   91.0    85.0    276.0   92.0
```

❿ [예제 6-10] 행렬의 합 구하기

2차원 배열을 사용하여 행렬 a와 행렬 b의 각 요소 값을 대입하고 행렬의 합을 구해보자.

$$a = \begin{bmatrix} 1 & 2 & 3 \\ 4 & 5 & 6 \\ 7 & 8 & 9 \end{bmatrix} \qquad b = \begin{bmatrix} 3 & 5 & 0 \\ 1 & 2 & 7 \\ 9 & 4 & 6 \end{bmatrix}$$

2차원 배열을 생성하여 행렬의 값을 저장한 다음 행렬 a의 각 요소를 행렬 b의 각 요소와 더하여 합을 구해야 한다. 행렬의 요소끼리 저장한 값을 저장할 행렬 c가 추가적으로 필요하기 때문에 2차원 배열 c를 추가적으로 선언하여야 한다. 행렬 a와 행렬 b의 합은 다음과 같이 구한다. 예를 들어, 행렬 a의 2행 2열 요소의 값을 행렬 b의 2행 2열 요소와 더하여 그 합을 행렬 c의 2행 2열의 위치에 저장한다. 각 행렬 a와 행렬 b의 행열이 같은 요소끼리 더하여 같은 요소위치의 행렬 c에 더한 값을 저장한다.

$$a = \begin{bmatrix} 1 & 2 & 3 \\ 4 & \boxed{5} & 6 \\ 7 & 8 & 9 \end{bmatrix} \qquad b = \begin{bmatrix} 3 & 5 & 0 \\ 1 & \boxed{2} & 7 \\ 9 & 4 & 6 \end{bmatrix} \qquad c = \begin{bmatrix} 4 & 7 & 3 \\ 5 & \boxed{7} & 13 \\ 16 & 12 & 15 \end{bmatrix}$$

$$+ \qquad\qquad =$$

📝 순서도 6-10

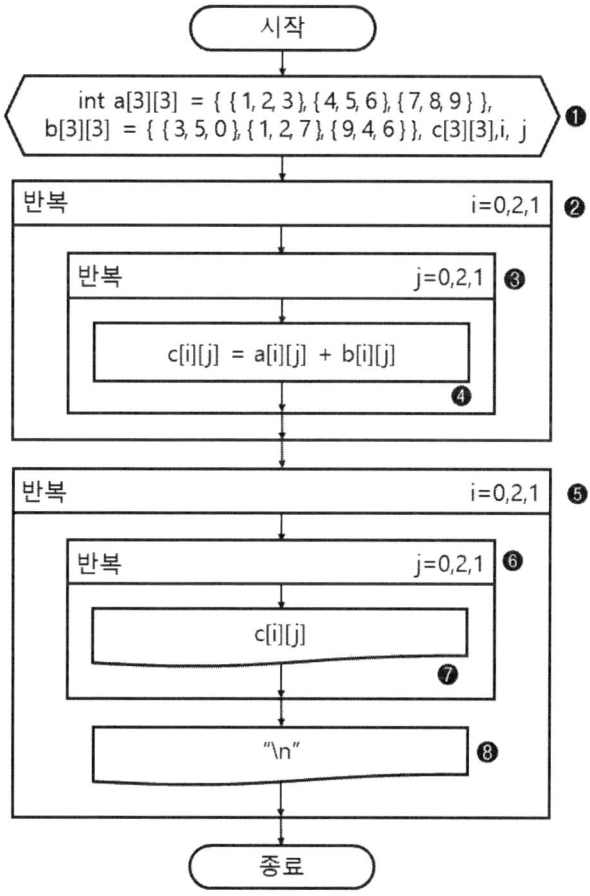

[순서도]
❶ 2차원 배열 a[3][3], b[3][3], c[3][3]을 선언하고 배열 a, b에 행렬의 값으로 초기화한다.
❷ 변수 i는 0부터 2까지 1씩 증가하며 반복한다.
❸ 변수 j는 0부터 2까지 1씩 증가하며 반복한다.
❹ 행렬 a와 행렬b를 더하여 행렬c에 저장한다.(c[i][j] = a[i][j] + b[i][j])
❺ 변수 i는 0부터 2까지 1씩 증가하며 반복한다.
❻ 변수 j는 0부터 2까지 1씩 증가하며 반복한다.
❼ c[i][j]를 출력한다.
❽ 줄바꿈을 한다.

예제 6-10.c

```
1   #include <stdio.h>
2   int main()
3   {
4       int a[3][3] = { { 1, 2, 3 }, { 4, 5, 6 }, { 7, 8, 9 } };
5       int b[3][3] = { { 3, 5, 0 }, { 1, 2, 7 }, { 9, 4, 6 } };
6       int c[3][3], i, j ;
7
8       //두개 행렬의 합
9       for (i = 0; i < 3; i++)
10          for (j = 0; j < 3; j++)
11              c[i][j] = a[i][j] + b[i][j];
12
13      //두개 행렬의 합 출력
14      for (i = 0; i < 3; i++)
15      {
16          for (j = 0; j < 3; j++)
17              printf("%d\t", c[i][j]);
18          printf("\n");
19      }
20      return 0;
21  }
```

[실행결과]

```
4    7    13
5    7    13
16   12   15
```

⓫ [예제 6-11] 행렬의 곱 구하기

행렬 a의 각 행을 행렬 b의 각 열과 곱하여 각 요소의 곱한 값을 더해야 한다.

$$a = \begin{bmatrix} 1 & 2 & 3 \\ 4 & 5 & 6 \\ 7 & 8 & 9 \end{bmatrix} \quad b = \begin{bmatrix} 3 & 5 & 0 \\ 1 & 2 & 7 \\ 9 & 4 & 6 \end{bmatrix}$$

행렬 a의 각 행을 행렬 b의 각 열과 곱하여 각 값을 더하여 행렬 c에 저장한다. 2차원 배열의 값으로 저장한 행렬 a, 행렬 b, 행렬 c를 배열의 곱을 계산해야한다. 행렬 a의 첫 번째 행과 행렬 b의 첫 번째 열의 계산은 다음과 같다.

$$c[0][0] = a[0][0] \times b[0][0] + a[0][1] \times b[1][0] + a[0][2] \times b[2][0]$$
$$c[0][1] = a[0][0] \times b[0][1] + a[0][1] \times b[1][1] + a[0][2] \times b[2][1]$$
$$c[0][2] = a[0][0] \times b[0][2] + a[0][1] \times b[1][2] + a[0][2] \times b[2][2]$$

따라서 임의의 행렬 a와 행렬 b의 곱의 결과를 나타내는 행렬 c에서 임의의 한 요소의 계산 수식은 다음과 같다.

$$c[i][j] = a[i][0] \times b[0][j] + a[i][1] \times b[1][j] + a[i][2] \times b[2][j]$$

행렬 a와 행렬 b의 곱을 행렬 c에 저장하여 출력하는 순서도와 프로그램은 다음과 같다.

📝 순서도 6-11

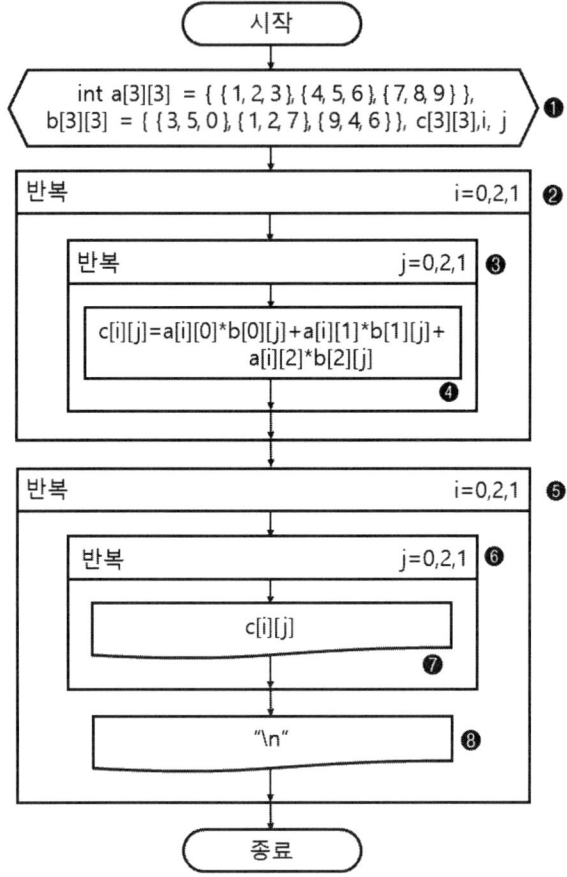

[순서도]

❶ 2차원 배열 a[3][3], b[3][3], c[3][3]을 선언하고 배열 a, b에 행렬의 값으로 초기화한다.
❷ 변수 i는 0부터 2까지 1씩 증가하며 반복한다.
❸ 변수 j는 0부터 2까지 1씩 증가하며 반복한다.
❹ 행렬 a와 행렬b를 곱하여 행렬c에 저장한다.
   (c[i][j]=a[i][0]*b[0][j]+a[i][1]*b[1][j]+a[i][2]*b[2][j])
❺ 변수 i는 0부터 2까지 1씩 증가하며 반복한다.
❻ 변수 j는 0부터 2까지 1씩 증가하며 반복한다.
❼ c[i][j]를 출력한다.
❽ 줄바꿈을 한다.

예제 6-11.c

```c
1    #include <stdio.h>
2    int main()
3    {
4      int a[3][3] = {{1, 2, 3}, {4, 5, 6}, {7, 8, 9}};
5      int b[3][3] = {{3, 5, 0}, {1, 2, 7}, {9, 4, 6}};
6      int c[3][3], i, j
7
8      //두개 행렬의 곱
9        for (i = 0; i < 3; i++)
10           for (int j = 0; j < 3; j++)
11             c[i][j]=a[i][0]*b[0][j]+a[i][1]*b[1][j]+a[i][2]*b[2][j];
12
13     //결과 출력
14       for (i = 0; i < 3; i++)
15       {
16         for (j = 0; j < 3; j++)
17             printf("%d\t", c[i][j]);
18         printf("\n");
19       }
20       return 0;
21    }
```

[실행결과]

32	21	32
71	54	71
110	87	110

⑫ [예제 6-12] 개선된 행렬의 곱 구하기

순서도와 프로그램을 조금 더 수정해보자. 반복구조를 하나 더 추가시켜서 3행 3열 이외의 행렬 프로그램에서도 활용할 수 있도록 개선된 예제이다. 반복구조 for의 제어변수가 행렬의 크기에 맞도록 값을 수정하면 크기가 다양한 행렬 계산에 활용할 수 있다. 주의할 점은 계산결과를 담을 행렬 c가 0으로 초기화가 되어야 한다. 3행3열 이외의 행렬에 사용하기 위해서는 반복구조에서 배열의 크기에 맞게 반복하는 변수 k, i, j의 값만 수정하여 사용하면 된다. 예제에서는 3행3열의 행렬이다.

📝 순서도 6-12

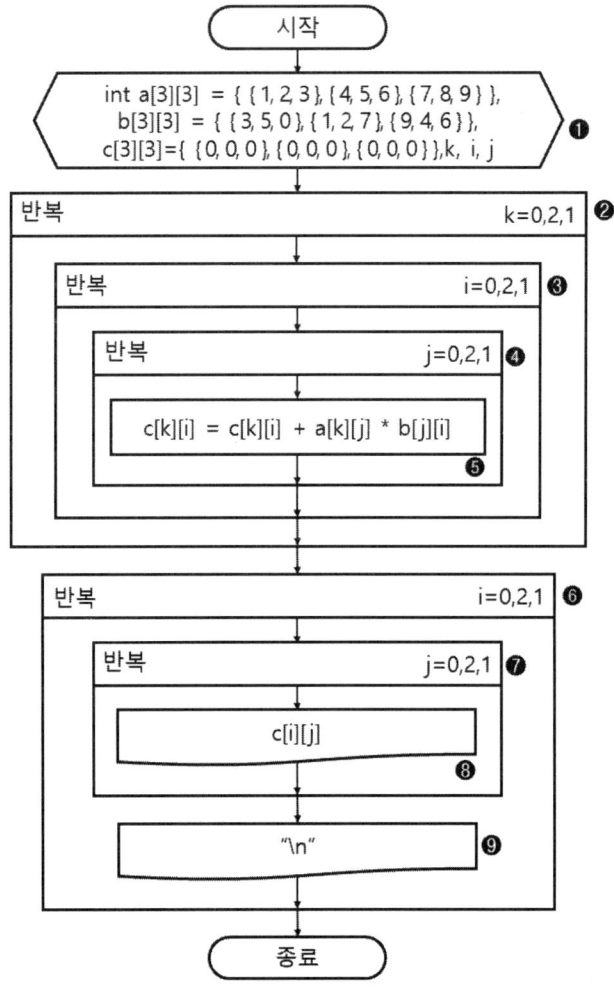

[순서도]
❶ 2차원 배열 a[3][3], b[3][3], c[3][3]을 선언하고 배열 a, b에 행렬의 값으로 초기화하고 배열c는 0으로 초기화한다. 변수 k, i, j를 선언한다.
❷ 변수 k는 0부터 2까지 1씩 증가하며 반복한다.
❸ 변수 i는 0부터 2까지 1씩 증가하며 반복한다.
❹ 변수 j는 0부터 2까지 1씩 증가하며 반복한다.
❺ 행렬 a와 행렬b를 곱하여 행렬c에 저장한다.
  (c[k][i] = c[k][i] + a[k][j] * b[j][i])
❻ 변수 i는 0부터 2까지 1씩 증가하며 반복한다.
❼ 변수 j는 0부터 2까지 1씩 증가하며 반복한다.
❽ c[i][j]를 출력한다.
❾ 줄바꿈을 한다.

예제 6-12.c

```
1    #include <stdio.h>
2    int main()
3    {
4        int a[3][3] = { { 1, 2, 3 }, { 4, 5, 6 }, { 7, 8, 9 } };
5        int b[3][3] = { { 3, 5, 0 }, { 1, 2, 7 }, { 9, 4, 6 } };
6        int c[3][3] = { { 0, 0, 0 }, { 0, 0, 0 }, { 0, 0, 0 } };  //초기화 필요
7        int k, i, j;
8    
9        //두개 행렬의 곱
10       for (k = 0; k < 3; k++)
11           for (i = 0; i < 3; i++)
12               for (j = 0; j < 3; j++)
13                   c[k][i] = c[k][i] + a[k][j] * b[j][i];
14   
15       //결과 출력
16       for (i = 0; i < 3; i++)
17       {
18           for (j = 0; j < 3; j++)
19               printf("%d\t", c[i][j]);
20           printf("\n");
21       }
22       return 0;
23   }
```

[실행결과]

```
32      21      32
71      54      71
110     87      110
```

연습문제

1. 배열 a[10]에 1부터 10까지 차례대로 정수를 넣고 거꾸로 출력하는 순서도를 작성하시오.

2. 10명의 시험 점수가 들어 있는 배열 score[10]에서 80점 이상 학생의 수를 출력하는 순서도를 작성하시오.

3. 배열 a[10]에 10개 값을 초기화하고 최고값과 최저값을 출력하는 순서도를 작성하시오.

    | 배열 a[10] | 45 | 82 | 31 | 93 | 64 | 75 | 89 | 98 | 50 | 77 |

4. 문제3의 배열 값을 이용해서 75를 찾고 배열에서 몇 번째 요소에 있었는지 위치를 출력하는 순서도를 작성하시오.

5. 문제3의 배열에서 짝수만 찾아 출력하는 순서도를 작성하시오.

6. 5행5열의 2차원 배열에 배열의 크기에 맞게 3부터 시작하는 3의 배수를 순서대로 다음과 같이 저장하고 출력하는 순서도를 작성하시오.

3	21	36	51	66
6	24	39	54	69
9	27	42	57	71
15	30	45	60	75
18	33	48	63	78

7. 다음 표는 어느 자동차 대리점의 차량 판매현황이다. 다음 표에서 겹선 안쪽의 숫자들을 저장할 2차원 배열을 정의하고 숫자들로 초기화하고 빗금친 부분에는 각 분기별 자동차 총 판매량과 차량별 합계를 구하여 값을 채우고 2차원 배열값을 출력하는 순서도와 C프로그램을 작성하시오.

	자동차A	자동차B	자동차C	자동차D	분기별 판매량
1분기	45	58	38	50	
2분기	49	36	41	66	
3분기	55	53	36	61	
4분기	67	71	59	68	
차량별합계					

8. 2차원 배열 a[9][9]에 다음과 같이 넣고 그대로 출력하는 순서도와 C프로그램을 작성하시오.

```
1
12
123
1234
12345
123456
1234567
12345678
123456789
```

순서도를 통한 프로그램의 논리력 향상

순서도 기반의 C프로그래밍

1판 2쇄 인쇄 2021년 08월 05일
1판 2쇄 발행 2021년 08월 11일

지 은 이	황혜정
발 행 처	도서출판 글로벌, 필통
발 행 인	신현훈
주　　소	서울특별시 중구 충무로 54-10 (을지로3가)
전　　화	02-2269-4913　**팩스** 02-2275-1882
홈페이지	http://www.gbbook.com

ISBN 978-89-5502-800-3
가　격 14,000원

이 책은 저작권법에 따라 보호받는 저작물이므로 무단전제와 무단복제를 금지하며, 이 책 내용의 전부 또는 일부를 이용하려면 저작권자의 동의를 받아야 합니다.

잘못 만들어진 책은 구입하신 서점에서 교환해 드립니다.